人才复利

CEO先是1号找人官

COMPOUND INTEREST ON TALENT

刘玖锋／著

企业管理出版社
EMPH ENTERPRISE MANAGEMENT PUBLISHING HOUSE

图书在版编目（CIP）数据

人才复利：CEO 先是 1 号找人官 / 刘玖锋著. -- 北京：企业管理出版社，2024.6

ISBN 978-7-5164-3071-2

Ⅰ.①人… Ⅱ.①刘… Ⅲ.①企业管理－人才－招聘 Ⅳ.① F272.92

中国国家版本馆 CIP 数据核字（2024）第 101770 号

书　　名	人才复利——CEO 先是 1 号找人官
书　　号	ISBN 978-7-5164-3071-2
作　　者	刘玖锋
策　　划	朱新月
责任编辑	解智龙　曹伟涛
出版发行	企业管理出版社
经　　销	新华书店
地　　址	北京市海淀区紫竹院南路 17 号　邮　　编：100048
网　　址	http://www.emph.cn　电子信箱：zbz159@vip.sina.com
电　　话	编辑部（010）68487630　发行部（010）68701816
印　　刷	北京科普瑞印刷有限责任公司
版　　次	2024 年 6 月第 1 版
印　　次	2024 年 6 月第 1 次印刷
开　　本	710mm×1000mm　1/16
印　　张	19.75 印张
字　　数	221 千字
定　　价	78.00 元

版权所有　翻印必究　·　印装有误　负责调换

推荐语

1. 人才可以说是卓越企业经营管理的起点与终点,其重要性怎么强调都不过分。我辅导企业家的时候,再三强调领导力发展的核心是用人、用能人、用比自己更能干的人。找到这些能人,要舍得花时间、花精力、花钱。玖锋老师这本《人才复利——CEO 先是 1 号找人官》系统地论述了企业怎么获得人才——从找到人,到找对人,到找进人,到最后留住人,是一个很系统的方法论,值得大家仔细关注和认真学习。

——领教工坊学术委员会主席
肖知兴

2. 找人是任何 CEO 的必备技能,CEO 的成功取决于找到什么样的人。本书破解了企业找人之谜,提供了找到真人才的系统方法,值得商学院的 MBA 和 EMBA 学生阅读。

——南京大学商学院原党委书记、博士生导师
江苏省人力资源学会理事长
刘洪

3. 企业家的一项重要职责是发现和使用人才。时代变了，时代发展的底层逻辑和驱动力量也变了。人才红利成为新时代企业家追求和挖掘发展潜力的重要内容。此书介绍了企业发现和挖掘人才的系统方法论和成功经验，值得企业和企业家借鉴。

——中国石油化工集团公司前董事长
傅成玉

4. 企业家要像发掘商机一样发掘人才，只有源源不断地找到人才，企业才能从"常胜企业"跃升到"长胜企业"，而这往往被忽视了，推荐企业家读一读这本书。

——江苏省苏商发展促进会常务副会长
俞文勤

5. 人才红利是永久的红利，人才吸引和组织建设始终是我们长期坚守的战略，玖锋老师作为我们的长期顾问，提出了很多有价值的思想和做法，价值很高，本书值得所有企业家一读。

——柏诚系统科技股份有限公司董事长
过建廷

6. "0~1"阶段的人才高度很大程度上决定了后续阶段的发展高度，"1~10"阶段的人才密度决定了企业能否跨越规模门槛，众能联合发展也遵循了这样的思想，想提升企业经营质量的CEO一定要读读这本书。

——众能联合数字技术有限公司创始人、CEO
杨天利

7. 吸引、激励和保留组织需要的人才，是企业可持续发展最重要的基础。知悉人才地图、有效识别人才、让人才脱颖而出、建立可信赖的雇主品牌，是 1 号找人官需要建立科学认知和实践能力的领域。

——贝壳前 CHO、源码资本前合伙人
郑云端

8. 找人是企业发展的永恒话题，因为事在人为，人在事前！刘老师的新书把找人上升到更高的战略，明确企业或部门 1 号位就是找人的 1 号位，并独创了 4D 找人方法论。结识刘老师以来，他对人的理解和对 1 号位的洞察让我印象深刻，推荐更多管理者阅读本书，一定会大有收获！

——商业课程打造专家
夏晋宇

9. 作为企业组织建设的一线实践者，我和刘玖锋先生的合作是在 2019 年，那个时候也正是公司极力拓展业务，方方面面都需要引入新人才的阶段，和玖锋先生的合作正是从如何更精准地找人开始，曾经走过的一些弯路也让我非常赞同书中的观点。

当企业面临资源短缺时积极引进顶尖人才，让成员学习更有效率，找人是为了打开能量边界，打开认知的边界；敢不敢用年轻人是体现一个组织进攻性的标志，特别是年轻干部的使用，"不在其位、不谋其政"，没有在对应的位置上是没有角色感的；组织的关键岗位要采用超配策略，只有重仓牛人才能应对不确定性。

找人是难事，又快又准地找到人才更是难上加难，这需要技术,也需要通力合作,更需要坚持。书中介绍的破解企业找人难题的 4D 模型包括找到人,发现目标人才在哪里;找对人,识别出谁是真人才;找进人,把真人才吸收进来;组织保障,建立以人才为中心的组织。模型非常实用,可以帮助企业找到需要的人才并发挥其价值。

组织自身的人才梯队建设是根本,无论企业处在什么样的周期,都要引入一定比例的校招生,来锻炼人才造血机能,巩固组织基础。

人才是需要尊重的,书中介绍的各位企业界大佬找人的经典佳话都在用行动表达对人才的尊重。

也许你不是企业找人的责任主体,或者你正亲历书中提到的某些场景,相信这本书会给予你很好的指引。在更多的专业指导与实践中,祝愿企业与人才之间有更好的适配性,真的可以"人尽其才、才尽其用"。

——白山云科技股份有限公司创始合伙人

张坤

10. 企业发展靠人才,"选、用、育、留、汰"全周期人才体系中,选人、找人是第一位的。优秀的企业家首先是优秀的 1 号找人官。

——长江商学院私董会课程导师、开心私董会管理咨询创始人

吴小卫

序

得一将胜千军

我的职业生涯从企业人才招聘开始,后来延伸到绩效管理、薪酬设计、股权激励、企业文化、战略解码等方面,在企业从事过人才管理工作,也有超过10年的管理咨询经验。过去15年,我为数百家公司提供过管理咨询服务,其中超过50家是上市公司。后来我发现,如果企业帅才胜位,将才如云,那么管理咨询效果就会更加显著,双方都满意;反之,如果企业将弱兵怯,缺兵少将,那么再完美的管理咨询方案都无法有效落地,双方都不满意。人不行,事难成。

古今中外,欲成大事,先找大将。汉朝开国皇帝刘邦曾有言:"夫运筹策帷帐之中,决胜于千里之外,吾不如子房。镇国家,抚百姓,给馈饷,不绝粮道,吾不如萧何。连百万之军,战必胜,攻必取,吾不如韩信。此三者,皆人杰也,吾能用之,此吾所以取天下也。"杰夫·贝佐斯组建了"十八罗汉"造就亚马逊万亿元市值。"巴西三剑客"豪尔赫·保罗·雷曼、马塞尔·赫尔曼·泰列斯和卡洛斯·阿尔贝托·斯库彼拉创办了3G资本,缔造出3000亿美元的超级帝国。豪尔赫·保罗·雷曼总结了成功之道："集合优秀人才，然后共同努力，就是让公司成长的不二法门。"吉姆·柯林斯在《从优秀到卓越》一书中总结："1 个天才与 1000 个助手"的模式，在未能长盛不衰的对照公司中尤为盛行，而卓越公司通常采用"1 个成熟型 CEO 加 X 个将才"的模式。

没有人才，没有大将，企业几乎难以成功，即使成功也是靠运气，最终沦为流星企业，而不是恒星企业。这么浅显的常识，我想每个 CEO 都能认识到，并且有过行动，但知易行难，有少数 CEO 能够找到三五良将，成就一番大事，只有极少数 CEO 始终践行"找大将成大事"的理念。这些企业不仅短期成就了一番伟业，还成功打造了将帅如云和良将辈出的永动机，从常胜企业跨越到了长胜企业。

随着企业发展壮大和商学教育的普及，中国企业的管理水平有了大幅度提升。20 年前，一提到企业管理水平，人们最先想到的是外企，现在中国企业整体管理水平跟外企的差距已经快速缩小。企业管理领域内包括战略定位、营销策略、精益生产、创新管理、流程管理、薪酬激励、绩效管理、股权激励、企业文化等都取得了长足的进步，管理知识得到了极大的普及，比如 SWOT 分析工具、营销 4P 理论、平衡记分卡、KPI 考核等人人皆知，但企业整体人才招聘水平相对提升较缓。

我认为其主要原因是中国人才供应环境已经发生了巨大变化，但是企业人才招聘思维和方法没有与时俱进。

1.0 时代：人口红利和增长红利（1990—2010 年）

改革开放以后，商业需求得到极大的释放，市场供不应求，到处是一片蓝海，市场竞争相对较弱，同时，劳动力供大于求，企业随便出一个招聘启事或在人才市场摆一个摊位，求职人群就会蜂拥而至，企业根本不需要担心招人的问题。

2.0 时代：人才红利和竞争红利（2010—2023 年）

2010 年以来，人口红利有所回落，同时，人才就业趋于多样化和多途径，供求关系趋于平衡，同时部分行业已经处于产品过剩状态，产品供大于求，市场竞争加速。因此，企业受到外部市场竞争加剧和内部人工成本过高的两方面挤压，出现分化，那些只用一般劳动力而没有竞争力的企业则生存困难，难招到人才；而极少数企业主动提升人才吸引力和管理能力，依靠人才优势超越对手赢得竞争，脱颖而出，成功实现了从"人口红利"向"人才红利"的转变。

3.0 时代：人才复利和创新红利（2024 年—未来）

OpenAI 于 2022 年和 2024 年陆续推出革命性的人工智能产品 ChatGPT 和 Sora，标志着人工智能时代的真正到来。2023 年 9 月，习近平总书记在黑龙江考察时创造性地提出了"新质生产力"这一全新概念。中共中央政治局 2024 年 1 月 31 日下午就扎实推进高质量发展进行第十一次集体学习，习近平总书记在主持学习时强调，高质量发展需要新的生产力理论来指导，而新质生产力已经在实践中形成并展示出对高质量发展的强劲推动力、支撑力，需要我们从理论上进行总结、概括，用以指导新的发展实践。新质生产力是创新起主导作用，摆脱传统经济增长方式、生产力发展路径，具有高科技、高效能、高质量特征，符合新发展理念的先进生产力质态。未来的时代是真正创新的时代，

1.0时代，企业成功的关键要素是低成本无限供应的劳动力资源和供不应求的增长市场。2.0时代，企业成功的关键要素是人才强悍的执行力，在增量市场中跑得更快，在存量市场中抢占更多的市场份额，超越竞争对手。2.0时代，企业只需要支付高薪就可以找到大量人才，而3.0时代，企业依靠人才数量和执行力超越竞争对手取胜的方式已不再有效，而必须依靠创新，满足客户更高的需求。创新背后的支撑要素是具有创意和创新能力的人才，企业必须持续找到和吸引具有创新能力的高能级人才，给予其释放和激发人才创新潜力的事业空间，从注重人才数量到注重人才密度，从只注重物质激励到精神激发并重，构建高标准、高赋能和高绩效的活力组织，企业才能获取人才红利，进而形成人才复利。

复利是金融名词，是指在计算利息时，某一计息周期的利息是由本金加上先前周期所积累利息总额来计算的计息方式，也即通常所说的"利生利""利滚利"。复利的计算公式如下。

$$F=P(1+i)^n$$

其中P=本金，i=利率，n=持有期限。

3.0时代，企业面临员工流动频率加快、员工技能老化速度加快、员工个性化诉求增多、企业对高能级人才争夺加剧等巨大挑战，要获得人才红利并不容易。唯有对人才进行持续投资和运营，用高能级人才吸引高能级人才，用高能级人才激活高能级人才，用高能级人才培养高能级人才，持续提升人才密度和能级水

平，不因经济波动而中断，不因 CEO 喜好而中断，不因短期需求得到满足而中断，才能使人才红利"利生利""利滚利"，变成乘数效应的人才复利，如图 1 所示。

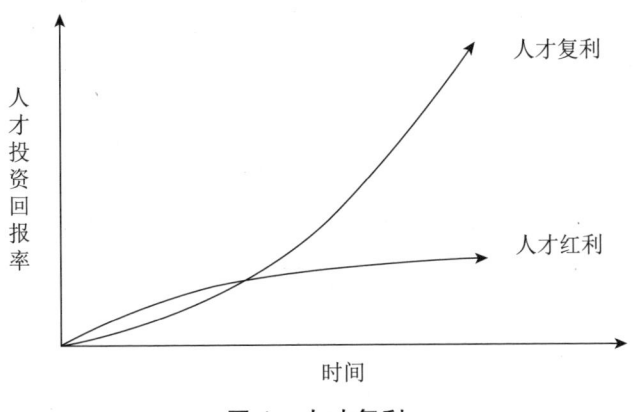

图 1　人才复利

1.0 时代和 2.0 时代，人才选择企业机会有限，现在人才存量在减少，并且基本都流向尊重人才和提供巨大发展空间的优秀企业，人才在选择企业方面开始处于主动地位，企业处于被动地位。进入新时代后，很多企业仍像上一个时代一样端着高高在上的姿态，招人思维和能力还停留在过去的水平，没办法适应新时代的人才需求，只是在招聘方法上修修补补，无法找到将才。企业招人难、无人可用的现象不但没有得到改善，相反却愈加严重，而这一切的根源在于企业本身。

既然企业招人难，为什么不想办法解决这一发展瓶颈？很多企业往往会抱怨以下几点。

1. 没信心

有些 CEO 觉得企业规模小，没信心能吸引高能级的将才，于是退而求其次，先想着用一般人才，等企业发展壮大了再去找更高能级的将才。如果这么想，企业很难发展壮大，企业不是先用一般的人才帮助自身做大，而是只有一开始就用高能级的将才才能让自身做大。如果企业CEO总是担忧企业对人才的吸引力，或者被人才拒绝了就降低标准，这本身也不能给高能级将才以足够的信心。

2. 没钱

高薪是吸引人才的关键因素，薪酬越高越有利于吸引人才，但这不是唯一决定因素。任何企业都是从小企业发展起来的，大多数小企业一开始并不能提供高薪酬。比如谷歌2010年以后加入的人才平均薪酬待遇仍然低于上一份工作，因为谷歌首先创造了吸引人才的宏大愿景和独特空间；其次采用精英吸引精英的找人策略，使大家一想到加入谷歌就能和一群精英共事，这本身就令人激动；最后，谷歌还给予精英人才发挥能力释放最大的空间，鼓励创造独一无二的价值。企业什么都可以没有，唯独不能缺少梦想和空间，它们才是吸引将才的根本因素。

3. 没时间

CEO最重要的职责是找人才、找方向和找资本，如果把精力都投入日常事务，自然没时间做最重要的"人"的事情，就会出现功能缺位，有CEO而缺CEO功能。无论CEO把事情做得多么漂亮，都无法替代人才的价值。

当然，只是强调找人的重要性是不够的，很多CEO还苦恼不知道如何找将才，从来没感受到企业人才济济、良将如云的美妙之处。而这正是本书要帮助企业解决的痛点。

目前市场上缺乏能够提供系统找人解决方案的机构。猎头公司可以提供简历，培训公司可以提供面试技巧的培训课程，招聘网站可以提供网络渠道，软件公司可以提供招聘数字化工具，种种类似的招聘服务供应商可以满足企业"点"上的需求。虽然每个"点"都做到了 80 分，但是整体却只有不到 60 分的效果，局部的修修补补并不能从根本上解决企业找人难的问题。

只有抛弃过去的思维和方法，才能跟上这个时代。在信息爆炸的时代，看一篇文章不过几十秒，而一个视频如果几秒之内不能吸引读者的话就会被直接滑过。人们容易接纳简单直接的操作软件和工具。如果我问读者想要一本什么样的"找人"书籍，可能大部分读者会说："我希望能有一本拿来就能用的操作手册。"但是我不会把本书写成一本表格堆积的操作手册，因为当读者不清楚为什么要这样做的时候，即使看到方法也不会坚定地学习和练习，只是把手册拿来收藏而已。

管理学家西蒙·斯涅克提出了"黄金圈思维法则"，把思考和认识问题画成三个圈：最核心的圈层是"Why"层，即为什么；中间圈层是"How"层，即怎么做；而最外面的圈层是"What"层，即做什么。因此，"黄金圈思维法则"又被叫作"Why-How-What 法则"。西蒙·斯涅克称"伟大领导者"的思考方式是由内向外的，从"Why"到"How"，再到"What"；而普通人则相反，从外向内，从"What"到"How"，再到"Why"，甚至只能停留在"What"这一层。因此，本书借鉴"黄金圈思维法则"，重点讲清楚"Why"，讲透找人方法背后的底层逻辑，洞察找人的本质规律。

本书原创词语"1 号找人官"，不仅指企业创始人或 CEO 要成为企业的 1 号找人官，还指任何团队和部门的负责人都应该成为所在团队的 1 号找人官。1 号找人官有以下 3 层含义。

▶ 人才复利——CEO 先是1号找人官

第一，1号找人官中的"1号"不仅是强调组织的1号职位或头衔，还强调找人是任何组织领导的"1号职责"，也就是首要职责。CEO 最核心的职责是找方向、找资本和找人才，往往不会忽视找方向和找资本两项职责，但容易忽视找人才，将才问题并不像战略和资本那么容易解决。不少企业有了正确的战略方向，资本充裕，却缺少将才，于是缺将就变成了企业的瓶颈，而很少有良将如云的企业出现战略迷失或缺少资本的现象。有人就有了一切。

第二，1号找人官强调的是"找"，不是1号"招人"官、1号"招聘"官，也不是1号"面试"官。1号找人官强调"找"而不是"招"，要找到将才，就必须抛弃"等人上门"的被动方式。将才是靠 CEO 去找、去请、去吸引的，越是优秀的人才，越需要主动去找，这也是本书的核心理念。现实中，各级经理人以为自己的任务就是面试和评估人选，习惯等待 HR 安排面试，误认为找人是 HR 的责任；而大部分企业经常安排面试官培训，重点培训面试技能而不是找人能力，这样的安排也强化了经理人的误解程度。不少业务经理说，缺人就是因为 HR 没有找到人选，没有安排面试，这样把自己的找人职责抹掉的做法是错误的。

基于不同场景的习惯，本书仍然用了"招聘""招人"和"面试官"等词语，目的是用于对比或易于理解。但本书旗帜鲜明的理念是"找人"而不是"招人"，各级经理人不仅要负责面试，也肩负找人职责，要成为所在组织的"1号找人官"，而不是局限于成为"1号面试官"。

第三，对于1号找人官的"官"，任何组织1号位天然承担着找人的首要职责，但是必须经过科学系统的培训和认证，合格上岗才能戴上"官帽"。大部分CEO和经理人在商业和做事方面往往无师自通，但在找人方面却长期处于"无证驾驶"的状态。他们高估自己找人和选人的能力，没有受过科学系统的培训和练习就开始找人和选人，最后发现找错人的事例比比皆是，造成企业停滞不前，严重的会让企业陷入破产边缘。因此，本书提倡的理念是各级领导者要通过培训和认证才能成为1号找人官，而不是靠自我摸索自然成为1号找人官。

我累计面试超过5000人，跟踪了超过100人面试时的表现和入职后的绩效表现，累计为超过30家上市公司提供企业找人和选人咨询服务，总结出破解企业找人之谜的"4D找人模型"如图2所示，具体如下。

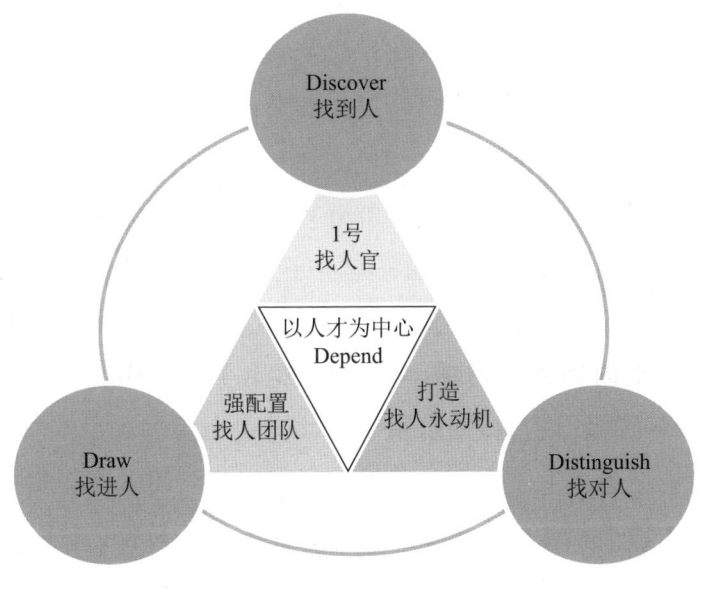

图2 4D找人模型

Discover：找到人，发现目标人才在哪里。

Distinguish：找对人，识别出谁是真人才。

Draw：找进人，把真人才吸引进来。

Depend：组织保障，建立以人才为中心的组织。

如果企业在这4个方面有所突破，就能缓解人才短缺问题，大概率能够找到胜任的将才。当然，关于人的研究探索是无止境的，我也确信本书只是揭开了找人的冰山一角，还有大量关于找人和选人的迷惑没有解开，本书内容还有优化空间，真诚欢迎读者批评指正，帮助更多的企业解除找人迷惑。

感恩多年来指导我工作和给予我支持的多位领导和老师，包括刘洪教授、傅成玉教授、陈同扬教授、肖知兴博士、李祖滨博士等，正是由于他们的细心指导，才使我对企业找人领域的研究能力得以快速提升。

十分感谢合作的客户，包括江苏省苏商发展促进会常务副会长俞文勤先生、柏诚系统科技股份有限公司董事长过建廷先生、众能联合数字技术有限公司创始人杨天利先生、白山云科技股份有限公司创始合伙人张坤先生等众多上市公司、独角兽企业和高成长组织的企业家，正是由于客户企业的信任和选择，才使我积累了大量的研究案例和实践机会，并且萃取多家企业的最佳实践做法，丰富了"1号找人官"的理论体系和工具方法，验证了"4D找人模型"的有效性。

此外，感谢贝壳前CHO、源码资本前合伙人郑云端先生，他在人才管理领域的洞见、国际化经验和全球化视野，给了我很多帮助；感谢著名商业课程打造专家夏晋宇老师给我的课程提出了有益建议；感谢企业管理出版社朱新月先生在本书定位和书名策划方面给了我极大的帮助，同时感谢企业管理出版社赵辉老师等的辛苦付出，使本书得以顺利面市。

衷心感谢我的同事陈文亮和徐礼清老师，他们在繁忙的咨询工作中，心怀"帮助企业提升找人能力"的使命，坚持高标准，参与书的修改和矫正工作，逐句阅读和调整，使本书顺利与读者见面。

最后，感谢我的家人，他们的付出让我有精力去集中撰写本书。

我时常反思曾经勤奋依靠招聘会而找人未果的失败经历，为给企业高管聘用决策提供了错误建议而愧疚自责，也为曾经坚持己见给企业找到被忽视的将才而兴奋喜悦。每当我看到企业因找到将才而成功时，内心更坚定了帮助企业解决找人难题的使命。1号找人官机构作为"企业缺人咨询方案开创者"，帮助企业提升找人能力，以"让企业人才辈出"为使命，继续深入研究企业找人的难题，解除找人的一个个迷惑，让企业享受到因人成事的美好时刻。

刘玖锋
2024年4月　南京

目录

第一章
有"将"来才有将来

一、找人上的"萨尔特流大漩涡" /002

二、企业发展速度取决于找对人的速度 /009

三、人才是应对不确定性的唯一确定性因素 /016

四、找人不是弥补空缺,而是打开能力边界 /018

五、用人补短板,而不是学习补短板 /022

六、得年轻人者得未来 /028

七、杀鸡要用牛刀 /036

第二章
破解企业找人之谜

一、无人可选是小企业的发展瓶颈 /042

二、大企业找人越多,风险越容易被掩盖 /044

三、揭秘企业找人难的真相 /049

四、企业找人三大难题 /053

五、一个公式解决企业找人难题 /056

六、破解找人之谜的 4D 模型 /068

第三章

找到人：大海里捞不到针

一、找人前先定战术 /080

二、在鱼多的地方下网 /082

三、抛弃等人上门的方式 /085

四、90% 的时间主动找人 /089

五、用"扫描仪"先找到身边的 10 名真人才 /093

六、把猎头费的三分之一给内部员工 /097

七、既要用成名人才，也要找到隐名人才 /099

第四章

找对人：学会看硬行为

一、面试是"互相说谎"的游戏 /108

二、不要仅凭一场面试就做出决策 /112

三、不要一见钟情，而要理性权衡 /117

四、不要通关制，而要评议制 /126

五、拒绝伪人才是对组织不小的贡献 /130

六、避免找人的两个极端：随意粗放和谨慎保守 /132

七、透过迷雾看到硬行为 /136

第五章

找进来：从三顾茅庐到 N 顾茅庐

一、人和企业的关系已发生了根本变化 /144

二、从筑巢引凤到因凤筑巢 /146

三、不要轻易在 N 顾茅庐前放弃 /152

四、先打动人心，再邀请人 /155

五、等他十年又何妨 /157

六、入职不是结束，而是融入的起点 /159

第六章
要用找将才的方式找将才

一、不要用寻常的方式找将才 /166

二、找将才要有备而来 /171

三、创造未来的能力 /173

四、可以有缺点，不能有缺陷 /179

五、引进将才的"555"方式 /184

六、使用但不拥有 /189

第七章
强企先强人，强人必先强找人团队

一、不要只怪罪人力资源部 /194

二、不要把招聘部定位为后台部门 /196

三、把招聘部升级为找人部 /199

四、舍得让最强的人负责找人 /201

五、勇于超配找人团队 /203

六、善于使用外部专业人员 /205

七、将有限费用优先投入找人工作 /207

第八章

打造找人永动机

一、人才长青，基业才能长青 /212

二、永远不要停止找人 /216

三、让人才留下来，更要让人才流动起来 /219

四、打造"将帅如云"的永动机 /225

第九章

找人是 CEO 的首要职责，而非重要职责

一、不要任性而为，而要根据角色有为 /236

二、不要做驯马师，而要做伯乐 /246

三、不要被助手围绕，而要与高手同行 /248

四、欲引名将，先成明主 /251

第十章

顶级 CEO 的找人故事

一、在人才上投入时间最多的 CEO——杰克·韦尔奇 /256

二、人才说服大师——史蒂夫·乔布斯 /258

三、人才标准抬杆者——杰夫·贝佐斯 /262

四、第一性原理找人高手——埃隆·马斯克 /266

五、招人机器设计师——拉里·佩奇和谢尔盖·布林 /270

附录：关于企业找人方面的数字研究和经典语录 /279

主要参考文献 /289

第一章 有"将"来才有将来

> "要让企业能'赢',没有比找到合适的人更要紧的事情了。世界上所有精明的战略和先进的技术都将毫无用处,除非你有优秀的人来实践它。"
> ——杰克·韦尔奇《赢》

一 找人上的"萨尔特流大漩涡"

《荷马史诗·奥德赛》中,记载了一只名叫"卡律布狄斯"的海怪,传说卡律布狄斯被众神之王宙斯囚禁在海底,因为积愤难平,它每天会吞吐三次海水,形成巨大的漩涡,将经过的船只全部吞没。现代科学已经能解释海上的漩涡现象。世界上最强大的漩涡是萨尔特流大漩涡,它位于挪威萨尔登峡湾和希尔斯塔峡湾之间,每6小时就会卷起一个又一个大漩涡。当漩涡出现时,海水以40千米/小时的速度通过海峡,这些漩涡的直径大的有12米,深可达5米,可以吞噬任何东西,任何抵抗都是没有意义的。

企业经营和管理上也存在"萨尔特流大漩涡",众多企业CEO深为人才问题而苦恼,陷入"萨尔特流大漩涡"难以脱离。以下是我用丰田5W分析法和3位CEO的对话。

第1位CEO:差人走不掉,好人进不来(见图1-1)。

第一章 有"将"来才有将来

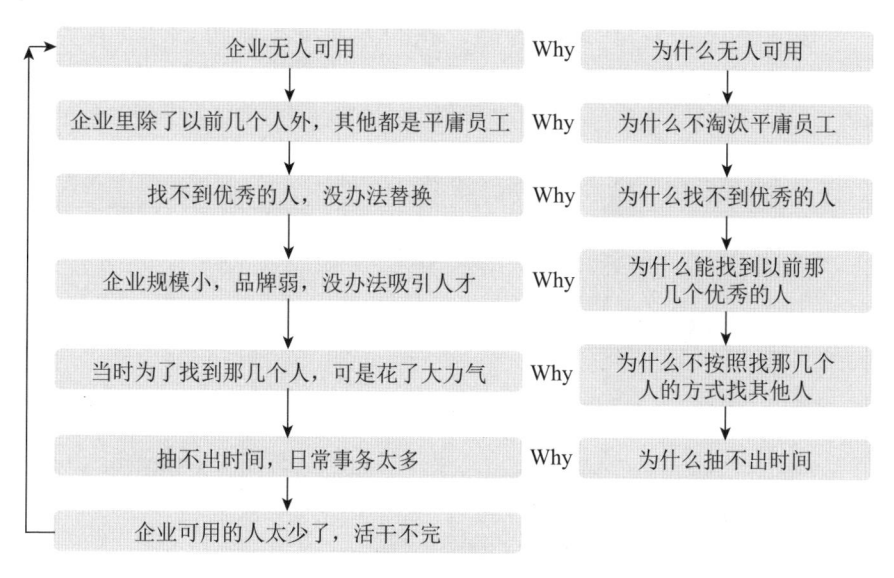

```
企业无人可用 —— Why —— 为什么无人可用
    ↓
企业里除了以前几个人外，其他都是平庸员工 —— Why —— 为什么不淘汰平庸员工
    ↓
找不到优秀的人，没办法替换 —— Why —— 为什么找不到优秀的人
    ↓
企业规模小，品牌弱，没办法吸引人才 —— Why —— 为什么能找到以前那几个优秀的人
    ↓
当时为了找到那几个人，可是花了大力气 —— Why —— 为什么不按照找那几个人的方式找其他人
    ↓
抽不出时间，日常事务太多 —— Why —— 为什么抽不出时间
    ↓
企业可用的人太少了，活干不完
```

图 1-1　差人走不掉，好人进不来

第 2 位 CEO：员工不敢管，老板苦中喊（见图 1-2）。

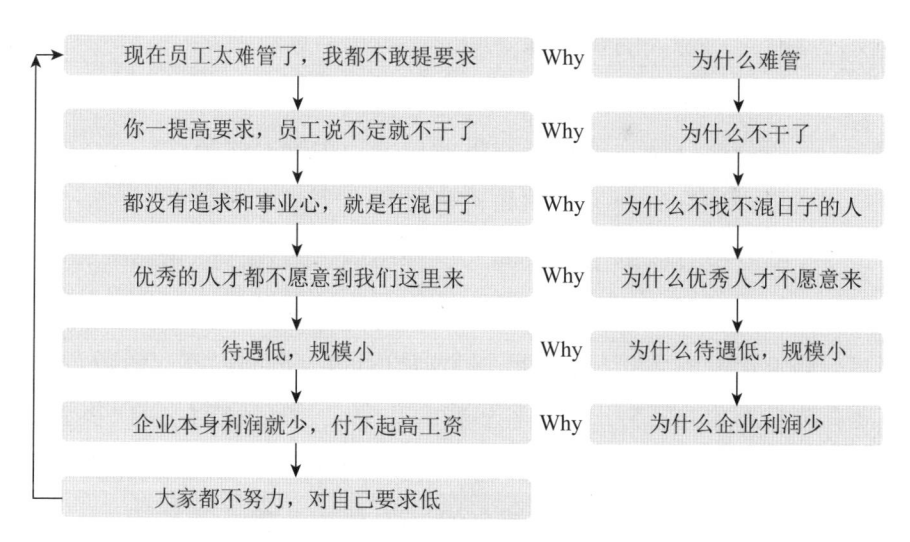

```
现在员工太难管了，我都不敢提要求 —— Why —— 为什么难管
    ↓
你一提高要求，员工说不定就不干了 —— Why —— 为什么不干了
    ↓
都没有追求和事业心，就是在混日子 —— Why —— 为什么不找不混日子的人
    ↓
优秀的人才都不愿意到我们这里来 —— Why —— 为什么优秀人才不愿意来
    ↓
待遇低，规模小 —— Why —— 为什么待遇低，规模小
    ↓
企业本身利润就少，付不起高工资 —— Why —— 为什么企业利润少
    ↓
大家都不努力，对自己要求低
```

图 1-2　员工不敢管，老板苦中喊

003

第 3 位 CEO：待遇给得高，找的人才少（见图 1-3）。

现在企业的人越来越多，利润却在下降	Why	为什么利润在下降
好多员工工资不少，业绩不高，成本越来越高	Why	为什么找到了这样的人
业务发展快，需要大量招人，差人也混进来了	Why	为什么差人也混进来了
把控标准还是比较难的，还没摸索到好的方法	Why	为什么找不到好的方法
现在看是重视度不够，任由这种情况发生	Why	为什么任由这种情况发生
当时意识不到，也不愿意尝试	Why	为什么不愿意尝试
以忙为借口，没有提升找人能力		

图 1-3 待遇给得高，找的人才少

大部分企业在找人方面是被动的，甚至是弱势的，没有主动权，没有主动选人的机会和空间。

人才都去哪里了呢？一流的人才都被分流了。

一部分被分流到了政府和事业单位，为国家服务。

一部分被分流到了大学和科研机构，为学术服务。

一部分被分流到了外企和大厂等组织，为优秀的企业服务。

一部分选择了创业或自由职业，为自己服务。

如果企业运气好，还能碰到个别没有被分流的人才。很多企业没有选择人才的机会，好不容易找到几个人，都是被上述 4 种情况淘汰了的找不到工作的人。因此，企业也没得选，总是被人选。

从上述 3 位 CEO 的对话来看，如果企业找人是被动的，意味着企业在淘汰不合适的人、提出高标准的工作要求、发展事业方面都将陷入被动的状态，导致企业没有竞争力，无法增长。企业不增长，找人更加被动，没办法吸引优秀人才，一切都被动，最后陷入"找不到人才→只能用平庸的人→事业做不起来→无法吸引高能级人才→事业遇到瓶颈→事业蓝图停留在纸面上"的"萨尔特流大漩涡"中，如图1-4所示。企业只能在"人才和事业"的死循环中左右挣扎而难以脱身，而企业的商业机会、组织效率、创新改进等动能全都被吞噬掉了。

图1-4 找人上的"萨尔特流大漩涡"

从人才漩涡到人才螺旋

"给我一个支点，我就能撬起整个地球"，这是古希腊物理学家阿基米德解释杠杆原理的一句名言。借鉴杠杆原理，企业必须找到经营和管理上的杠杆点，并在杠杆点上集中发力，而不是平均用力，只有这样才能取得事半功倍的效果。

不同行业和企业以及不同阶段皆有不同的杠杆点，有时候是商业模式，借助领先的商业模式抢占市场；有时候是技术研发，凭借领先的研发和技术构建企业的竞争壁垒；有时候是运营能力，能够提供低成本、高质量的产品或获得高效的项目运转收益等。

企业也可能同时有多个杠杆点，但找人是企业事半功倍的高杠杆动作，在找人杠杆点上被动，管理就会失控。优秀企业能够不断推出新产品，根本原因在于能够源源不断地找到人才。企业要在找人这个最大价值杠杆点上投入足够多的资源、资本和时间，才能撬动企业这艘"大船"，避开"萨尔特流大漩涡"。

避开找人上的"萨尔特流大漩涡"，就是要构建找人的"黄金螺旋"。漩涡是不断向下的，越来越低，而螺旋是上升的，越来越高。企业找人上的"萨尔特流大漩涡"现象，是指企业被动地找人，每进一个人，能力都低于现有团队平均水平，又会加速找不到人的下降趋势。从人才漩涡到人才螺旋（见图1-5），是指企业把找人作为突破经营困境的破局点和杠杆点，重仓人才，争取每找进一个人，都能提升现有团队的平均水平。即使出现找错人的情况，也能及时清除出团队。优秀真人才可以吸引更优秀真人才，人才密度成上升螺旋趋势，我称之为找人上的"黄金螺旋"。

找人能力决定了企业是向下陷入漩涡还是向上进入螺旋。卓越企业从一开始就加大找人力度，坚持高标准选人，这样才使企业不断发展壮大，进入螺旋式上升的正循环，而不是普通企业"一开始先用平庸的人，等发展壮大了再去找优秀的人"，避免陷入"萨尔特流大漩涡"。

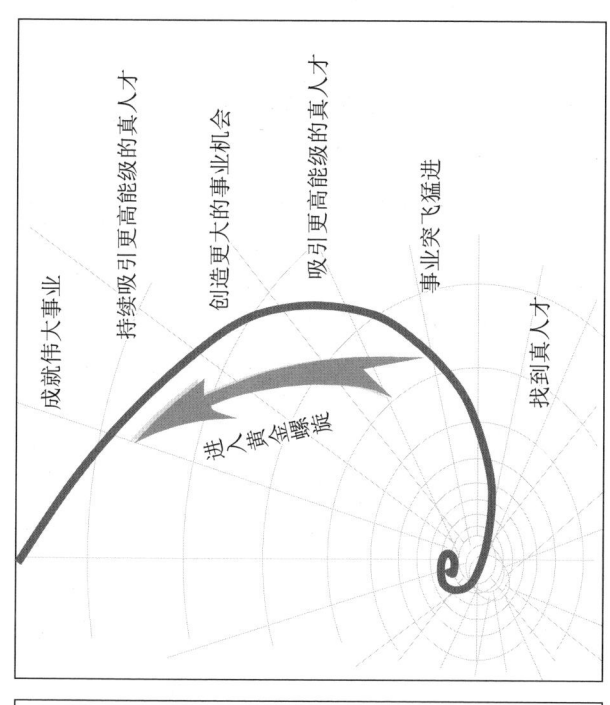

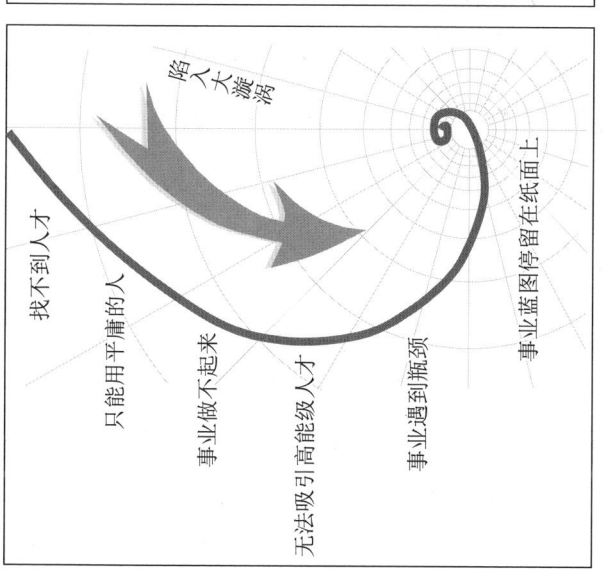

图 1-5 从人才漩涡到人才螺旋

▶ 人才复利——CEO先是1号找人官

卓越企业的"黄金螺旋式"找人做法

谷歌创始人从公司刚起步时就坚持雇用顶尖人才，用牛人，宁缺毋滥，并且在人员扩张时始终坚持"只聘用比你优秀的人"的标准。谷歌前首席人才官拉斯洛·博克在《重新定义团队》一书中写道："我所聘用的人都在某些特定的方面比我更优秀"，也就是候选人至少在某一方面的能力高于现有人员能力。只有这样，当新人加入时才能够提升团队整体能力。

而奈飞的做法更为激进，认为员工只是"称职"就得走人，甚至只要从外部发现一个比内部人更强的人，内部的那个人就会被替代。

亚马逊创始人杰夫·贝佐斯认为每次新雇用的人才都要比之前的好，才能不断提升下一批人才的水平。亚马逊为了能够坚持高的招聘标准，在面试中设置了一个"抬杆者"（bar raiser，指在跳高比赛中负责一次次将杆调高的人）的面试官角色，他要从更高的角度去看，应聘者的加入能否促进公司的成长。如果只能帮助亚马逊维持现状，不论多优秀的人才，也会被拒绝。

如果每招聘一个人都只是维持，甚至是降低公司的整体能力，那么人才招聘量越大，风险就越大，这也是很多公司人员规模快速增加后人均效能降低的关键原因。逐渐拔高的人才招聘标准，使每招聘一个员工都能提高公司的整体能力，推动公司的快速发展，实现人才引领业务发展，而不是大部分公司遇到的人才拖累业务发展的局面。

企业发展速度取决于找对人的速度

我遇到过一位企业CEO，他依靠人海战术推动了业务爆发式增长，但整体组织能力的急速衰退很快又使得业务规模暴减。在经历了这个惨痛教训后，他定了一个铁律：如果没有合适的人，即使有再大的商业机会也不考虑。我看到过很多类似的例子，没有足够的人才，企业便会停止下来。

然而最近几年，在大量资本的加持下，为了快速拓展业务、提高流量、抢占市场，一些企业不计成本、不加辨别、不顾风险地招聘大量员工，然后凭借人海战术拉动业务增长，抬高企业估值，再去大量融资，而后又大量招聘员工，进一步扩大业务规模。光鲜亮丽的业务数据确实证明了企业增长速度，但是风险也在快速增加：不合适的员工大量累积，组织效率持续降低，各种损耗急剧增加，于是频繁开店关店、产品交付质量大幅下降、项目无限延期等现象层出不穷。直到无法获得下一轮融资，或者市场竞争加剧，企业就会陷入"萨尔特流大漩涡"中，资本优势和规模效应被一点点吞噬，企业无法维持"虚胖"的规模，进而被迫大幅裁员、降薪，业务断崖式下滑。"只有在潮水退去时，你才会知道谁一直在裸泳"，很多企业因此破产，即使有企业侥幸上市了，如果不能脱离"萨尔特流大漩涡"，也难以避免落入退市的境地。

▶ 人才复利——CEO 先是 1 号找人官

企业发展速度取决于找对人的速度，企业发展质量取决于找对人的质量。

吉姆·柯林斯在《卓越基因：从初创到卓越》一书中也写道："我们发现了'帕卡德定律'（这一命名出于我们对惠普公司的创始人戴维·帕卡德的敬慕之情），认为没有哪家公司能在未招到适合人才的情况下仍保持收入增长，而且成为卓越公司。如果公司的收入增长速度持续快于人才的增长速度，公司不仅会陷入停滞，还会进一步陷入衰落。我们需要跟踪关注的首要衡量标准并不是企业的收入、利润、资本回报率或现金流，而是企业中多少比例的关键位置被安排给了合适的人。所有的工作都要仰仗合适的人。"

人才是企业发展的第一考虑因素。

有多少个优秀店长，就可以开好多少家店，而不是有开多少家店的钱。

有多少个优秀城市经理，就可以进驻多少个城市，而不是有多少个城市机会。

有多少个优秀项目经理，就可以运营多少个项目，而不是有多少个项目订单。

有多少个优秀产品经理，就可以开发多少个产品，而不是有多少产品需求。

有多少个优秀的 CEO，就可以并购多少家公司，而不是有多少并购标的。

不是为了抓住商业机会，派出不合适的员工，而是找到更多的真人才，再去抓住更多的商业机会。

（一）找对销售明星带来了 1 亿元销售额

某行业头部销售公司的商业模式、产品、资本、品牌已经有明显的竞争优势，但是即便是同一个城市、同样的产品和价格、同样的品牌，每家店的销售业绩相差依然很大。

经过调研分析，我们发现影响店面销售业绩的关键要素是销售明星数量，于是把店面销售人员分为 3 类。

A 类销售人员平均业绩是 200 万元 / 年；

B 类销售人员平均业绩是 120 万元 / 年；

而排名靠后的 C 类销售人员销售业绩为 50 万元 / 年。

我们发现，店面业绩与优秀销售人员的数量、占比都显著相关。而 A 类、B 类、C 类销售人员的固定底薪是相同的，由此我们不难推算，该公司如果用同样的薪酬找到更多的 A 类销售明星，就能快速增加销售额。

为此，我们请该公司销售部把入职满一年的 A 类销售明星和 C 类销售人员名单列出来，采取行为访谈、客户访谈和性格测评等方式进行对比分析，找出区分 A 类销售明星和 C 类销售人员的关键素质能力，进而形成 A 类销售明星的能力画像，建立针对性的面试提问题库、评估流程和决策机制，并应用到销售人员的招聘过程中。

经过 3 年的时间，该公司累计找到了 50 个年销售业绩超过 200 万元的 A 类销售明星，并逐步替换掉业绩靠后的 C 类销售人员，使公司新增超 1 亿元销售额。

（二）换对一个财务经理，帮公司融资了 6000 万元

一位 CEO 在一次针对如何找高管的沙龙中分享了自己的惨痛经历。他为了扩大公司生产和销售规模，需要融资 6000 万元，咨询了银行相关政策后确认公司符合融资贷款的条件，但需要做大量的财务评估、融资准备和银行对接等工作。他想找一位有融资经验的财务经理负责此事，于是快速录用了一位自述在上一家公司曾经负责融资工作的候选人。该财务经理入职后就开始着手融资工作。这位 CEO 出差比较多，工作繁忙，没能紧密跟踪融资工作的进展，直到 3 个月后痛失融资机会才懊恼不已。

原来，这位财务经理在上一家公司只是参与过融资的几个环节，并没有成功的独立融资经验，对于银行对接、资产评估、担保、融资成本、融资周期和风险并不熟悉。但为了防止自己虚假的经历被发现，他只好自己摸索着去做，过程中漏洞百出，做了很多重复工作，与银行的对接沟通也不顺畅，导致进度严重滞后，原本计划 3 个月完成的融资任务到第三个月的时候依然没有什么有效进展。

等到 CEO 在第三个月发现问题的时候，银行根据国家要求收紧了信贷政策，融资难度更大了，3 个月完成融资的计划已经无法完成，导致公司融资失败，严重影响了业务运营，错失了市场窗口期。

本来不复杂的工作却因为一个不合适的财务经理而没有完成，CEO 也意识到自己在人才评估方面做得比较粗放，没有评估出候选人的真实能力水平。该财务经理被辞退以后，银行推荐了一位擅长融资的财务经理，融资经验丰富，统筹和协调能力

强，即使在信贷政策收紧的情况下，仍然快速地帮助企业实现融资 6000 万元的目标，但前 3 个月融资失败给公司造成的机会成本是十分巨大的。

（三）大区总经理的找人能力和业绩呈正比关系

找人是直线经理的首要职责，我们团队做过一次有价值的实证研究：找人官找人能力与业绩之间的相关性研究。

某全国性行业头部企业，在业务快速扩张阶段，大区总经理最重要的工作就是快速找到销售人才。为此，我们帮助该企业重构了找人流程，重点提升大区总经理的找人能力，采用"学到、用到、做到"的找人训战模式，并在 3 个月后对大区总经理进行实战认证，认证通过的大区总经理会颁发"1 号找人官"资格证书。最终，该企业 26 名大区总经理中顺利通过认证的只有 10 人，通过率约为 38.5%。

此后，我们持续跟踪通过认证和未通过认证的大区总经理的找人数据。我们用新员工入职 6 个月后业绩达到合格标准的人数占总录用人数比例来衡量大区识人准确率，而大区总经理是人员录用的最后评估者和决策者，因此把区域识人准确率视为大区总经理的识人准确率。我们跟踪和收集了 2 年内的业绩和找人数据，分析结果为大区总经理的找人能力和业绩呈正比关系，如图 1-6 所示。

▶ 人才复利——CEO 先是 1 号找人官

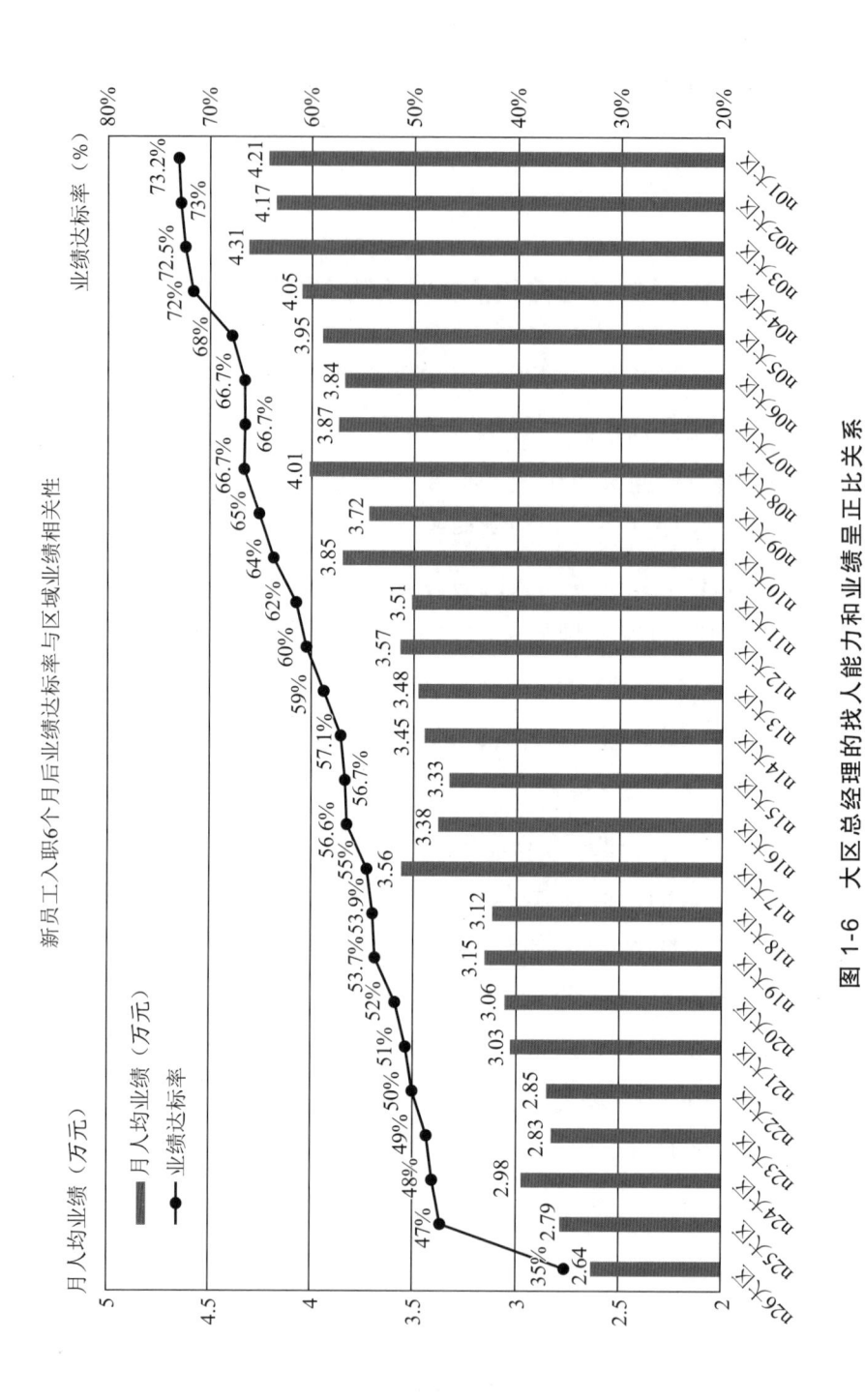

新员工入职6个月后业绩达标率与区域业绩相关性

图 1-6 大区总经理的找人能力和业绩呈正比关系

014

从图中不难看出，大区总经理的识人准确率和区域业绩呈正比关系，新员工入职6个月后达标比例越高，大区业绩越高。这再次验证了我们的结论：找人就是生产力。企业发展速度取决于找对人的速度，找到优秀真人才就能产生高业绩。

类似例子还有很多，在此我们也想分享一些发现。

① 做好背景调查能够将录用伪人才（不合适的员工）的比例降低5%。

② 使用高效度的测评工具，通过测评和未通过测评的销售人员绩效差距达到33%。

③ 重点评估财务人员的细心程度，可以降低财务60%的出错率。

④ 在面试中增加真实工作场景评估环节，能够淘汰掉30%的伪人才。

⑤ 在货运汽车司机面试中增加个性测试和调查交通违法的数据，能够将事故率从28%降低到12%。

⑥ 在面试前4轮中，每增加一轮面试能减少10%的误选率。

以上数据有的来自我们自己的研究，有的来自为企业提供找人咨询服务的亲身经历，也有的来自其他机构的研究。也许有人会说，这有点天方夜谭，过分神化了找人的作用。如果能像对待销售工作一样对待找人工作，把人才视为客户，以人才为中心，就能找到真人才，就会感受到"找人就是生产力"，并亲眼见证这种神奇效应。但遗憾的是，一些企业在找人这件事上轻浮了事，不重视、不投入、不严谨，那么就永远体会不到找人的神奇效应。

找人不是救治企业各种疾病的万能药，却是企业发展壮大的良药，从优秀到卓越的必备药。

三 人才是应对不确定性的唯一确定性因素

任何企业都无法预测未来和掌控未来，也无法阻止变化。未来都是不确定的，不确定性一直伴随着人类，但只强调未来的不确定性是不够的，企业更需要知道如何应对不确定性。

吉姆·柯林斯在《从优秀到卓越》一书中，研究了优秀企业跃升到卓越企业的关键：先人后事。下面是美国富国银行的例子。

从1983年起，公司开始了长达15年的出色经营，不过实现这个转变的基础却要追溯到20世纪70年代的早期，当时任首席执行官的迪克·库利（Dick Cooley）开始组建一支业内非常出色的管理队伍（投资家沃伦·巴菲特称之为最好的队伍）。库利早就预见到，在取消管制后，整个银行界最终会经历一番天翻地覆的变化。至于变化会以什么形式出现，他并不感兴趣。因此，他和董事局主席厄尼·阿巴克尔不是忙于制定应付变化的战略决策，而是把精力放在源源不断地给公司注入新鲜血液上。不论在何时何地发现了杰出人才，他们就聘用这些人，尽管在脑海中还没有具体的工作给到这些人。他指出："这就是你构建未来的方式。我不足够精明，无法看到即将发生的变化，但他们却可以。而且他们可以灵活机动地处理那些事情。"

第一章 有"将"来才有将来

迪克·库利果然具有先见之明。没有人能够预见银行业取消管制会带来的所有剧变。事实证明，当变化发生时，没有一家银行比富国银行处理得更好，那个时候，银行界的股票普遍低于大盘59个百分点，而富国银行的股票上涨速度为大盘的3倍。

技术迭代、客户需求变化、产业格局变迁、政策更迭，一切都在变化。杰夫·贝佐斯在一次演讲中讲道："总有人问我，未来十年，会有什么样的变化。但很少有人问我，未来十年，什么是不变的。我认为第二个问题比第一个问题更重要。因为你要把战略建立在不变的事物上。"在不确定的环境中，确定性是什么呢？如何应对不确定性呢？迪克·库利认识到，在一个动荡多变的世界，应对不确定性的最确定因素就是拥有一批出色的人才，他们能够适应未来可能发生的事情。

唯一确定的是用人才应对不确定性，只有重仓牛人，才能应对好不确定性，这是亘古不变的真理。

四　找人不是弥补空缺，而是打开能力边界

不少企业会把找人任务错当成了找人目的。比如，企业今年要招聘150人，于是找人任务就变成"找到150人，弥补150个岗位空缺"，并把任务分解到每个月，找到1人就完成了1个找人任务，找到150人就完成了全年的任务。这种分解看似合理，实际上没认识到找人的根本目的。

我的观察是，找人才的根本目的不是弥补岗位空缺，而是打开企业的能力边界，植入新的能力，支持战略目标的实现。诚然，标准作业的流水线工人，在特定的条件下，只要找到人就可以了，但对于能力要求越高、工作内容越复杂的岗位，找人目的不应只是填补岗位空缺，如果对找人的根本目的认知不到位，那么就很难通过找人来提升企业能力边界。

招聘厨师也是打开企业能力边界

招聘一个厨师，如果是弥补岗位空缺的话，就会罗列招聘要求，比如要会做川菜、爱干净等，这样只需要招聘到符合这些要求的厨师就算完成任务了。

但招聘厨师的根本目的是什么呢？如果公司需要为员

工提供食堂，让大家吃得健康和美味，提高员工体验和幸福度，进而留住员工，那么招聘厨师的根本目的就变成了"让员工吃得健康、便利和美味"。

此时，对厨师的招聘要求变成了"有主动服务精神，能够琢磨员工就餐需求，并提供多种餐品、各种美味小吃等，以让员工吃得好作为个人追求和贡献"。然后，再找到多个厨师候选人，并通过做菜试吃、能力考察、工作动机评估等筛选出好厨师。

这样的话，招聘一个好厨师就可以打开"满足员工吃得好"的能力边界。

企业要以打开能力边界作为找人的目的，在以下方面调整找人策略，可能会取得意想不到的效果。

（一）打开当前能力边界

当企业目前不具备某一项关键能力，同时内部又很难培养出相关人才，这时候从外部找到并引进具备该能力的人才就是企业提高能力的关键途径。

比如，企业不具备某一项技术能力，找到技术高手就可以植入新技术能力，请注意，这个时候不一定追求技术高手的技术保留，而是重点着手技术能力的植入和内化工作，并尽快培养出新的人才，让个人技术能力变成组织的技术能力。引进"一棵树"，培养成"整片森林"。

（二）打开未来能力边界

企业找人还要考虑未来的能力需求，而不是仅仅满足当下的业务需求。因为未来的能力需要提前筹划和培养，春天不种下种子，秋天就没有收获。一些企业喜欢招聘有丰富经验的成熟人才，不喜欢招聘"白纸一张"的大学毕业生，但是企业应该认识到，招聘年轻的大学毕业生不是为了满足当前的能力需要，而是满足五年之后的需要。另外，企业"过冬"不能只储备资金，还要多储备人才，让人才数量富裕一些。

一些企业还局限在短期用人需求中，没有为未来储备人才。比如实行单纯利润考核的企业，经理人就不太愿意招聘新手，储备人才。一方面，新手短期内不能产生业绩，贡献不能弥补人工成本，这样团队利润就减少了；另一方面，新手不一定能培养出来，即使培养出来也可能会短期内离职。因此，招聘新手，储备人才，得不偿失。所以，在经理人只考虑当年利润分享奖金的情况下，很多团队选择不增加人，当前几个人辛苦点把当年的活干了，于是很多企业或业务单元，三年前是100人，三年之后还是100人。久而久之，企业的人才梯队青黄不接，当原有人才逐渐流失或跟不上业务发展变化的需要时，企业很可能也就没了。

清代学者陈澹然曾言："不谋万世者，不足谋一时；不谋全局者，不足谋一域。"企业不从未来的角度考虑找人目的，就没有未来。

(三）打开战略能力边界

人才和战略的匹配是企业成功的不二法门，人才招聘不是根据组织架构图去填充空缺，也不是根据岗位说明书去套用人，而是基于战略需要的能力去招聘人才。

《重新定义人才》一书强调："企业需要摒弃传统的评估岗位价值的方法，而要基于执行战略所需的战略能力来决定岗位价值。然后，企业需要对战略性的关键岗位进行重点投资，目的是确保把Ａ级人才配置在Ａ类岗位上，为Ａ类客户创造价值。"战略需要差异化，人才策略也需要差异化。所有的岗位都有价值，但不是所有的岗位都具有战略价值。对于影响战略执行的关键岗位，必须招聘到匹配战略的人才，人才策略才有效。

假如企业的战略能力是产品研发，靠研发创新的产品取胜，那么产品经理和研发经理就是战略性岗位，岗位要求的能力应该更偏重"卓越的创新能力和研发能力"，对应的人才应该是行业内顶尖的产品经理和研发经理，而不是岗位说明书上罗列的一系列通用任职要求，比如××专业毕业、××学历、相关领域从业××年等。

普通企业把招聘作为日常操作类动作，只是弥补岗位空缺，就像拿萝卜填满坑一样完成任务，直到"萝卜"和"坑"都越来越小，陷入自身的能力困境中，悔之晚矣。

卓越企业把找人视同战略性工作，找到顶尖人才打开并不断扩充企业能力边界，帮助企业夺取一个又一个胜利。

五、用人补短板，而不是学习补短板

企业面临短板的时候，往往会怎么做？一般有两种方式。

① 让现有的人学习。

② 引进顶尖人才。

上文提到找人不是弥补岗位空缺，而是打开能力边界，但是企业在遇到短板时往往习惯性采用学习方式，也就是方式①，甚至出现了过度学习的倾向。

我毫不怀疑学习的重要性，在急剧变化的时代，不学习就会被时代抛弃，不进则退。但在每个领域知识更迭加速和跨专业高度融合的时代，个人想通过学习变成每个领域的高手，这几乎是做不到的。要成为专家和高手，必须在一个领域深耕数十年，经历多次失败和探索，即使在人工智能高度发达的现在乃至未来，没有在一个领域的持续研究和经验累加，也无法用好人工智能工具。成为高手的前提是经历失败和教训，这不是上几堂课就可以学习到的，毕竟失败是无法用上课来替代的。当一个人拼命在每个领域学习，也是走向平庸的时候。企业也是一样，遇到发展短板和瓶颈，只是想着通过学习来弥补，这并不是高性价比的方式。

企业对标学习法是比较流行的方法，但既然标杆企业建立了核心竞争力，一定是投入了大量的精力和费用，长期积累才形成的。学习是必要的，但只学习是很难学到标杆企业能力精髓的。比如很多企业提倡学习某标杆企业，但哪个企业学得像？哪些企业通过学习变成了标杆企业？

既然企业出现了短板或瓶颈，那一定是企业不擅长的事情，通过学习最多达到平均水平。要想弥补短板，最好的方式是引进该领域的顶尖高手，给予其发展空间，这样就可以快速打开企业能力边界，把短板变成优势，这才是企业事半功倍的做法。

为什么出现问题，人会习惯性通过学习来解决呢？因为人们从小在学校接受的是"不会就去学习"的理念，追求每门课得高分，一旦出现课目偏科，总分低，排名就低。一个成功的企业不能出现明显的短板，但企业弥补短板的方式更多，上课学习的模式是需要的，但不是最有效的，把各个领域的高手集合在企业中，并靠文化和组织规则凝聚起来，才能形成没有明显短板的"全优生"企业。

十亿元的团队带不出百亿元的组织

A企业在2010年营收规模就突破了10亿元，在行业高速发展的有利条件下，企业制定了未来10年突破100亿元的战略目标，并明确了战略路径。

在接下来的5年中，企业开展了一系列轰轰烈烈的学习运动。今天学习标杆企业B的生产管理经验，明天学习标杆企业C的产品研发做法，后天学习百亿元企业D的人才管理办法，其后跨行学习百亿元企业E的战略规划工具。这些学习让高管团队开阔了视野，提高了认知，但始终停留在

"学"的阶段，一学就会，一习就错，团队疲惫不堪。

十亿元经验和能力的团队很难带领企业突破百亿元。从2015年开始，企业改变了弥补短板的策略，陆续吸引了20多位具备百亿元企业建设和管理的各个业务和职能领域的高管将才，搭建了百亿元级别的高管团队。原有高管做了调整，有的担任外聘高管的副手，有的调整到新增岗位，有的退出原有岗位。通过用人弥补短板，企业快速提升了业务和管理能力。2019年，该企业营收成功突破了100亿元。当然在这个过程中，企业引进的外部人才，有4位外聘高管在试用期就被淘汰了，有6位高管在2019年离开了。与此同时，原有高管团队只有2人离开，其他原有高管经历了组织变革，真正成长为百亿元企业的高管将才，重新得到了重用。

从1亿元突破到10亿元，从10亿元突破到100亿元，从100亿元突破到1000亿元，从1000亿元突破到N亿元，企业到处找方法，学知识，补短板，开视野，希望实现产品升级、管理升级、技术升级、销售升级、文化升级，这是有必要的，但企业在不同发展阶段需要不同能级的人才。如果没有人才升级，一切都会变成空中楼阁。

接力赛选手和马拉松选手的差异

接力赛是由4位队员接力完成的集体比赛项目，由队员依次传递接力棒，并跑完100米、200米的等距离。马拉松长跑是1人全程完成大约42千米的长跑比赛项目。接力赛和马拉松长跑对运动员的能力要求是不一样的。接力赛比拼的是加速度和爆发力，多属于无氧运动，而马拉松是匀速跑，主要依赖肌肉耐力，多属于有氧运动，这也决定了两者运动员不同的身体机能和训练方式。

企业发展历程类似马拉松长跑，甚至是没有终点的长跑，但是每个阶段特征又非常明显，接近接力赛模式。企业在0~1、1~10、10~100、100~1000的阶段特征和对团队能力的要求都不同。企业0~1的创业阶段的特征是冒险和简单，不确定性大，甚至没有明确的目标，需要创业型人才；到了1~10阶段，业务模式得到了验证，管理方式需要升级，比如初步方向和目标、大概分工和协同等，这个阶段需要引进一些职业化人才；而到了10~100阶段，业务复杂度和管理复杂度大幅度增加，组织分工更细，企业需要大量重复性的运营工作，这个时候需要引进一些专业化人才。当然，不同阶段还需要其他不同类型和能力特征的人才。

并不是每个人既能跑接力赛，又能跑马拉松。不少创业者特别擅长0~1阶段的工作，不擅长复杂的运营工作；有的进攻型人才，特别擅长企业1~10阶段扩张时期的工作；有的职业经理人特别擅长10~100阶段的工作，帮企业从无序变革到有序管理；有的专业人士非常擅长分工细致的工作，能够在100~1000阶段的大型成熟企业创造更大的贡献。所以不少创业者在完成了0~1阶段工作之后，就会把企业交给职业经理人，自己再去探索另外的商业机会。如果让一个人适应企业每个阶段的工作，有可能既限制了个人的优势，又阻碍了企业发展。

从一个阶段上升到另一个阶段，企业需要的人才能级不同，而上一个阶段的人才很可能不适应下一个阶段的能力要求，如果企业只采用提拔内部人员并希望通过学习具备下一个阶段能力要求的方式，就会自我设限，企业很难实现不同阶段的飞跃。当然，人才升级的过程是痛苦的，很多人怀念上一个阶段的团队氛围而不愿面对这种人才升级的变革，但这不是由企业意愿决定的，而是由环境决定的。例如企业从10亿元到100亿元的突破，首先团队要升级，团队要升级为具备100亿元规模能力的团队，否则，即使市场给了100亿元的订单，企业还是不具备100亿元订单要求的能力。

不少企业10年前和10年后的核心团队成员没有什么变化，甚至企业从创业到上市后，核心团队成员还是那些"老人"。事实上，核心团队的能力可能已经远远落后于当前阶段的能力要求，企业还以核心团队的高稳定性为傲，浑然不知巨大的风险和障碍。

奈飞前CHO帕蒂·麦考德在《奈飞文化手册》一书中写道："究竟是从公司内部提拔还是从外部招聘一名高绩效者，我们的经验是，看内部人员是否具备这项有待完成的工作所需的专业技能，或者在这项工作所属的领域身处创新前沿？在云服务方面，外面有更好的专业技能人才，因此从外面招人会更有效率；在数据算法开发方面，奈飞处于创新前沿，科森就是公司的一流人才；而对于其他岗位，如果不能从外面招来人才，我们几乎肯定会做得磕磕绊绊。"

企业发展是马拉松长跑，更是接力赛。不能让一个人全程跑完接力赛式的马拉松。为此，更多的卓越企业选择模式②，不同阶段引进不同能级的人才，通过人才升级方式帮助企业突破能力瓶颈，从而跃升到另一个阶段。

很多企业担心外来的人待不住，"空降兵""死亡率"高，这是没有争议的事实。但企业存在的价值不是留住人才，而是让每个人才发挥优势，创造卓越绩效，这才是对人才和企业负责任的做法。引进人才的目的是植入能力，弥补企业短板，如果能达到这个目的，即使人才加入企业后最终又离开，又有什么关系呢？

六 得年轻人者得未来

我在近距离接触企业团队的过程中发现，一个团队的平均年龄和团队活力呈正相关关系，从一个组织敢不敢用年轻人就可以看出组织的进攻性。当然，就个体而言，绝不意味着年龄大的人没活力、没进攻性，但是从整体上看，以上两个相关关系普遍存在。

下面来看看两个典型的真实案例。

案例一：冲劲不足的销售团队

一个工业企业的营收近几年都在 5 亿元徘徊，企业想了很多办法，一直没能够突破。我们的管理调研和数据统计显示，该企业销售团队敬业度只有 36%（市场平均水平为 63%），而销售团队平均年龄高达 42.5 岁。

那么，为什么销售团队的平均年龄这么高呢？该企业在全国化扩张过程中，采用了"分封制"的方式去开拓市场，每个销售人员负责一个区域，客户和市场都归销售人员拥有，这种快速跑马圈地的打法确实帮助企业实现了业绩的快速增长。但是久而久之，当市场逐渐饱和的时候，销售格局也逐渐固化，老销售人员只要维护好原有的客户就可以坐享其成。

在这种格局下，老销售人员不愿意带新人，企业招聘的新人分到区域后很难"存活"。一方面，容易开发的客户都已经掌握在老销人员手中，他们不愿分享客户资源；另一方面，还未开发的客户开发难度高，老销售人员都不愿意去开发，新人开发成功的可能性很低。另外，老销售人员担心把新人培养起来，"教会徒弟饿死师父"，因此，老销售人员不愿意分享经验，对新人比较冷漠，时间一长，企业招来的新人都被变相逼走了。如此一来，销售团队长期没有新鲜血液补充，销售团队的平均年龄就越来越大。

更可怕的是，老销售人员通过维护老客户就能获得不菲的收入，于是整个销售团队奋斗激情下降，没有冲劲。每当企业有新举措和新产品推出的时候，老销售人员也不是很积极，开拓新客户难度高，推新产品累，老产品老客户只要维护好关系，不用做什么也会有提成。

销售团队如此，企业怎么能够实现突破呢？

案例二：循规蹈矩的高管团队

一个集团公司，下面有4个事业部，面对愈发激烈的市场竞争，行业内技术和产品创新正在加速，公司逐渐跟不上行业节奏，发展速度下滑。

我们调研发现，该公司高管中除了一个财务负责人是43岁，其他高管年龄都超过了45岁，4个事业部总经理的年龄分别是45岁、47岁、49岁、49岁，这些高管都是和公司一起创业打拼到现在的，对公司也很忠诚。但是，他们的能力和精力越来越不能满足公司发展的需要。有一个高管说:"我对公司感情很深,工作就是我半个人生,现在年龄大了,明显精力不如以前。下面的人没有成长起来,我还是要操心,我是不想退也不能退,但做起来又吃力。"

该公司高管开会,谈的基本都是过去的做法和经验,缺乏创新思维和突破性想法。为了打开高管们的视野和思路,创始人有心把高管送出去培训学习,但高管的意愿也不是很强。一个高管私下里说:"本来工作就忙,一有点时间就想休息,或运动运动,或照顾照顾孩子和老人。另外,学来的东西在公司也很难实施,这不是浪费钱和精力吗?"

CEO忧虑地对我们说:"目前,公司管理层青黄不接,按照这个情况,5年后高管们都50多岁了,公司怎么会有发展。"

(一)企业也会陷入"老龄化"

年轻人会变成老人,同样,企业如果不主动调节员工年龄结构,也难免会陷入老龄化。当然,这里绝不是说年龄大了就有问题,而是拥有一些新的东西的同时就会失去一些东西。

1. 精力不如当年

我们经常听到管理者们回忆年轻时的高光时刻:有的人一个星期吃住在公司,为了解决一个难题;有的人连续工作两个通宵还活力满满;有的人喊着口号背着包全国各地跑市场,一年出差200多天是常事;有的人连续"5+2""白+黑"地工作……人在年轻时,唯一拥有的就是无限精力。

随着年龄增长,人的精力不可避免地会下降。一方面,年轻时身体好，年龄大了大多一身毛病；另一方面，年轻时工作起来没有其他的顾虑，比如家庭、孩子、老人等，年龄大了要照顾孩子生活，操心孩子的教育问题，又要照顾父母，很难再像年轻时那样没有顾虑，全身心地投入工作。

2. 冲劲不如当年

给年轻人下指标的时候，他们就敢于接目标而不会过多地讨价还价，有点"愣头青"的精神；给年龄大的人下指标，他们就会有很多顾虑。

"初生牛犊不怕虎""嘴上没毛，办事不牢"，这些词形容年轻人考虑事情不全面，不懂得进退，但缺点的背面就是优点，说明年轻人更有冲劲，想到了就去做，不计得失，不顾风险，不怕失败。

年龄大的人，见过世面了，经历过失败，承受了太多的委屈，被社会磨砺掉了锋芒，被生活磨平了棱角，知道了哪些可为、哪些不可为，就像一把尖刀，用多了就变钝了。

3. 未满足感不如当年

满足感是指人的需求得到满足时的感觉。当需求未被满足时才最能激发人的欲望；当需求得到满足时，人的欲望就会消退。同样的，人在需求未满足时更有激情，精神是紧张和期待的，所有潜力都能被激发；一旦需求得到满足，精神就会放松，潜能也很难被激发。

企业老员工一般在职位、机会、薪酬、见识、权利等方面都得到了一定的满足，心态比较平和。而年轻人一般对职业发展有较高的追求，如同上山，不断地向高处走，为了不断地满足更高层次的需求，不顾一切向前冲。现在的年轻人离职率高，主要就是因为各种需求得不到满足，他们又不会隐忍，只好去寻求其他出路。

当然，我这里绝对不是否定年龄大的人，不是把他们说得一无是处，年龄大的员工和经理人有年轻人缺乏的优势，不是无用武之处，而是强调多给年轻人一些机会。

一个好的团队需要各个年龄层次的人，如果都是年龄大的，那么团队的活力、张力、锐度就会受到影响，导致战略敏锐度降低、开拓创新能力降低、反应速度变慢，团队逐渐趋于保守求稳。

（二）敢不敢用年轻人是判断一个组织进攻性的标志

一个组织是否有进攻性的标志是敢不敢用年轻人，尤其是年轻干部，当然这需要冒风险，需要勇气。

我的一位企业家朋友邀请我做他公司的长期管理顾问。第一次管理层开会，除了CEO是70后，和一位创业就加入的80后部门负责人外，其他部门负责人都是95后。面对一个充满朝气且稚嫩的年轻团队，我心里直犯嘀咕：管理层都是没有经历职业化训练的年轻人，成熟度这么低，公司能发展起来吗？后来CEO私下解释道："我们公司的商业模式和运营方式都是很超前的，行业中没有成熟人才，以前空降的几位职业经理人也都失败了。后来我就用刚毕业两三年的年轻人。虽然他们经验不足，为人处事也不老到，工作中经常闹出一些笑话来，但学习能力强，愿意做事，有激情。我大胆授权，给职位、给空间、给机会，也费了很大的心思培养他们，他们成长很快，这两年公司发展也有目共睹。"3 年时间,这家公司的管理层团队有着显著的进步,业绩也冲到了该行业前几名。一位 1995 年出生的年轻部门经理年底述职提道:"我在 3 年工作中,逐步从骨干晋升到主管,再晋升到部门负责人,公司提供了试错和包容的空间。我非常珍惜机会,浑身充满力气,上次大学同窗聚会,无论是思维认知,还是解决问题的能力,我感觉已经远远超过我的同学了。"

判断企业敢不敢用年轻人,可以参考以下几点。

1. 高管团队中有没有 90 后

85 后出身的员工年龄也至少 39 岁了,90 后的员工也至少 34 岁了。判断一个组织敢不敢用年轻人,先看高管团队中有没有 90 后的年轻干部。30 岁是人的黄金年龄,高管团队要不断地有年轻干部涌入,现在的 30 岁,5 年后就 35 岁了。

2. 中层管理团队中有没有 95 后

95 后也到了至少 29 岁的年龄,对于有能力的人才也应给予其施展才能的机会了,29 岁成为中层,再锻炼 10 年,临近 40 岁,可以进入高管团队。

3. 基层管理者或骨干员工要有 98 后

1998 年出生的人现在年龄是 26 岁,企业要持续地吸引刚毕业的大学生,这些年轻人会成为公司新生力量的源头。基层没有年轻人,中层就没有年轻管理者,也就无法产生年轻高管,这是一个人才链,源头是刚毕业的大学生。

得年轻人者得天下,得年轻人者得未来。敢用年轻人,组织才有进攻性。保证企业团队中年轻人的厚度和密度是一个组织活力的保障。

你的团队中有没有年轻人?

（三）年轻人不需要说教，需要的是机会

我看过一个视频，记者问新加坡总理李显龙："你对年轻人有什么忠告？"他说："没有，年轻人从来不听忠告！"李显龙先生的回答很形象，也很睿智，年轻人必须经历过才能成长，苦口婆心地说教也许只是老年人的一厢情愿。

尤其对于年轻的管理者来说，不在上一级任职就很难培养出相对应的能力，没有在角色上就没有角色感。年轻人需要的是创造事业的空间和机会。

推出革命性产品 ChatGPT 和 Sora 背后的年轻 OpenAI 团队

OpenAI，是一家位于美国旧金山的人工智能研究公司，其于 2022 年 11 月 30 日推出全新聊天机器人模型 ChatGPT，代表着人工智能的革命性突破。紧接着该公司于 2024 年 2 月 15 日（美国当地时间）正式对外发布了人工智能文生视频大模型 Sora，它作为又一革命性的人工智能产品引起世界惊呼。能够连续推出革命性产品的团队是什么样的呢？

智谱研究联合 AMiner 发布了《ChatGPT 团队背景研究报告》，对 ChatGPT 团队的 87 人进行了分析，团队年龄分布如图 1-7 所示，关于团队年龄的总结描述如下。

从 ChatGPT 团队年龄分布来看：20~29 岁的成员有 28 人，占全体成员（剔除年龄信息缺失的 5 位成员）的约 34%；30~39 岁的共 50 人，约占 61%；40~49 岁的仅 3 人；无 50~59 岁年

龄段的成员；60岁以上的有1人。经计算，该团队平均年龄为32岁。由此可见，85后是这支团队的主力军，他们引领了这一波大语言模型技术的创新风潮，这说明经常被认为研发经验不足的年轻人，完全有可能在前沿科技领域取得重大突破。

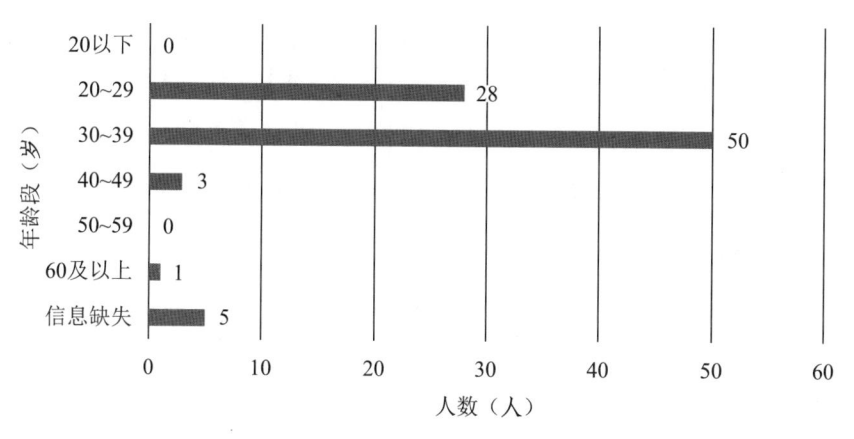

年龄段（岁）	人数（人）
20以下	0
20~29	28
30~39	50
40~49	3
50~59	0
60及以上	1
信息缺失	5

图1-7 ChatGPT团队年龄分布

Sora团队更加年轻，3位负责人都是应届博士毕业。负责人Tim Brooks于2023年1月刚从美国加州大学伯克利分校毕业；负责人Bill Peebles于2023年5月从美国加州大学伯克利分校毕业，并入职OpenAI；另外成员中不乏大学刚毕业的本科生，并且出现了00后。

七 杀鸡要用牛刀

奈飞最重要的一条人才理念是：每一个岗位都要招聘一个高度匹配的人，而不仅仅是一个匹配的人。大部分企业要在所有岗位上全部配置顶尖人才，主观上可以朝这个方向努力，客观上几乎实现不了。但是在影响企业核心竞争力、战略布局和业绩突破的战略性岗位上，企业采取"杀鸡用牛刀"的人才超配策略，花费一倍以上的薪酬投入，有可能会取得 N 倍的投资回报。

如同业余拳击手和职业拳击手，初学拳击手和老练拳击手，前者大概率是要被后者直接 KO 的。假如目前战略性岗位需要的能力值是 10 分，找到 6 分能力值的人才，不仅难以创造贡献，还会带来一系列的麻烦；找到仅仅 10 分的人才，勉强可以履行职责；如果企业发展更快，要求更高，那么 10 分的人才就会苦苦支撑，甚至有些吃力；如果找到 30 分的人才，维度更高，很容易在岗位上把企业能力水平拉升几个层次，创造突破性的贡献。

乐凯撒：用牛刀杀鸡

深圳市乐凯撒比萨餐饮管理有限公司（以下简称乐凯撒）创始人陈宁是一位奉行人才超配策略的企业家，在乐凯撒只有几十家门店的时候，就敢于超配各个领域的远高于餐饮行业水平，以及出身于规模是乐凯撒几百倍甚至几千倍的企业的人才。

1. 敢于用跨行业牛人

乐凯撒办公室人员百分之八九十都不是来自餐饮行业，他们都是跨行业人才。不同行业发展水平参差不齐，有的行业处于发展初期水平，汇集的人才并不多，甚至基本都是低水平人才，比如餐饮行业；有的行业处于发展成熟阶段，涌进了大量人才，管理水平也比较高，比如IT行业。尤其对于通用性职能的技术人才和管理人才，行业间能力移植性较高，不局限本行业，而是放宽到多行业，人才选择面加大，找到优秀人才概率大幅度提高，并且可以用成熟行业的经验提升本行业经营和管理水平。

餐饮行业品牌管理还处于初始阶段，而快消品行业是品牌水平最高的行业，比如可口可乐、百事可乐、耐克、杜蕾斯等快消品公司，每一家的品牌人才都具备高水平的品牌能力。于是陈宁就把曾在宝洁、箭牌和杜蕾斯负责北亚区品牌业务的负责人挖到乐凯撒担任首席品牌官，这样可以把乐凯撒品牌水平提升N倍。

供应链管理水平最高的行业是制造业，当乐凯撒开到50家店的时候，供应链就会形成扩张瓶颈。于是，陈宁就去中兴通讯挖来了采购总监和供应链副总监，这些人才都是985高校毕业，有10年工作经验，是供应链专家级别管理人才。这些人才根本不需要再进行培训，可以短时间补足供应链短板，甚至把供应链变成企业的竞争优势。

2. 敢于用比本企业规模大几十倍甚至上百倍的企业出来的牛人

敢于从大企业挖人。乐凯撒为了提升数字化能力，直接去华为2012实验室挖到一位人才担任首席技术官，通过引进人才把数字化能力引进企业。

3. 敢于把钱投资到牛人引进上

只有梦想，缺乏用牛人的格局，梦想也只会停留在纸上。不是把钱都花在固定资产上，而是把钱花到人才上，有人质疑陈宁这种做法："花那么多钱在人才上，迟早把企业拖死"，而陈宁认为，没有见到哪家企业因为人才多被拖垮的。

大多数企业都是因为缺人而发展不起来，甚至走向了破产。

企业在战略性岗位上可以从以下几个方面超配人才。

1. 不要仅仅在行业中找人，还要跨行业寻找牛人

不同行业发展阶段不同，人才存量和质量差异巨大。有些行业高度分散，缺乏头部企业，这些行业可能就是人才洼地，因此不能只在本行业找人才，本行业最好的人才能力值也仅仅达到平均行业水平，这个时候要跨行业寻找牛人。如果有些行业的企业要连锁化和全国化，那么从肯德基、麦当劳、星巴克等连锁巨头中找人，就能够大大提升连锁化水平。如果要提升供应链水平，从大型制造企业找供应链成熟人才，可以快速补足企业供应链短板。

2. 不要仅仅在本区域找，还要跨区域寻找牛人

不少企业会陷入区域局限思维，企业的客户在全国，人才却

局限于某地，为了找到牛人，企业不仅仅要跨区域，甚至要把办公室设在人才所在的城市。

3.不要仅仅在熟悉的人群中找，打听谁是这个领域最牛的人才

从身边熟悉的人群入手找人，但又不要局限于此，关键要打听谁是这个领域最牛的人才，史蒂夫·乔布斯最擅长这一策略。

当然，牛人不是指"吹牛"的人，而是有真才实学和真本事的人才。企业要防止在找"牛人"的过程中找到了"吹牛的人"。同时，牛人不是神人，也不要过度指望其解决一切问题。

本章关键发现

1. 人才漩涡会吞噬掉企业的所有红利。
2. 找人是企业事半功倍的高杠杆动作。
3. 只有重仓牛人,才能应对好不确定性。
4. 找人不是弥补空缺,而是打开能力边界。
5. 企业不要过度通过学习来补短板。
6. 敢不敢用年轻人是判断一个组织进攻性的标志。
7. 关键岗位采取人才超配策略,杀鸡用牛刀。

CHAPTER 12

第二章 破解企业找人之谜

"找人是天底下最难的事情，十有八九都是不顺的。"

——雷军

一 无人可选是小企业的发展瓶颈

市场上有大量的人才，而几乎每家企业都觉得找不到人才，无人可用。如果你问 CEO 面临的最大挑战是什么，找不到人才的困惑至少排前三位。为了找到真人才，企业进行了各种尝试，逢山开路，遇水搭桥。

你说待遇低，那我就提高薪酬水平；

你说猎头效果好，那我就用猎头；

你说没有招聘系统，那我就购买使用各种招聘数字化系统；

你说面试官识人能力弱，那我就安排多次面试培训；

你说工作地点偏远，那我就搬到市中心；

你说没有下午茶，那我就安排下午茶；

……

企业做了这些事情之后，略有效果，但还是解决不了找人难的根本问题。我们发现，不论大企业还是小企业，都经常面临找人难的困局。

小企业经常遇到这样的招聘怪圈：想要扩大规模，于是大量招聘，但因为人工成本控制、雇主品牌吸引力等问题，发了一条职位招聘信息，连简历都收不到几份，导致无法吸引高能级人才；而凭运气招进的几个真人才又留不住，员工规模总是上不去，业务增长也难以实现。

比如，今年招进了 100 人，只留下 60 人，再加上老员工的流失，年底一看，企业总人数还是没有突破。同时，招进了大量的平庸员工，支付了巨大成本，但是业绩却没有对等的增长，最后发现企业的利润还没有去年多。"一朝被蛇咬，十年怕井绳"，第二年再也不敢大量招人了。规模上不去，又难以吸引高能级的人才，无人可选，只能用平庸的人。"人往高处走，水往低处流"，现有的员工找到好机会就离开了，留下来的都是找不到好机会的。于是 CEO 空有一番热血，只能用"虾兵蟹将"，再也不提规模性增长了，始终困在人才漩涡中，事业蓝图停留在纸上，只能用"我们不追求规模，要做一个小而美的企业"来安慰自己。

小企业最大的困境是无人可选，更没有选择人才的主动权，处于被人选的被动状态。大多数是找不到更好工作的候选人正好选择了小企业；小企业也只能接纳，笑脸相迎。这些候选人进入公司后，也几乎是朝三暮四，骑驴找马，一旦有一天找到好一点的工作，就会主动提出辞职，把小企业淘汰掉。

二 大企业找人越多，风险越容易被掩盖

小企业找人难，那么大企业找人总能容易些吧？大企业确实容易找人，凭借商业红利和薪酬优势，人一招一大堆。但找人越多，风险越大，所有人都沉浸在高歌猛进的欢呼中，风险往往被掩盖了，就如同号称"永不沉没"的泰坦尼克号撞上了被海水掩盖的巨大冰山而沉没一样。

第一大风险：找人越多，混进来的伪人才越多

大企业发展越快，招聘量越大，因为要求"快招人"而不能坚持高标准是第一大风险。

大企业招进了不少人，同时很多伪人才也混进来了。因为在高歌猛进的业务攻势下，所有部门都会喊"人不够用"，要求快速找人，并且夸大比实际需求量更多的人才需求。这样做，团队人数越多，完成业绩目标的概率越高，为了完成目标，企业往往不会拒绝和控制部门用人需求，谁会在乎用错几个人或多用几个人呢？于是在业绩压力下，企业大多是紧急招聘，很少有经理人能坚持宁缺毋滥的找人标准，恨不得今天面试通过，明天就入职，而对HR的考核指标就是短时间内招聘到多少人。

招聘人越多，混进的伪人才越多，比如招进10个人，其中5个是真人才，其他5个是伪人才。在商业红利能够完全覆盖伪人才带来的组织效率降低的情况下，与业务增长的收益相比，没

有人会关注和重视风险。殊不知,巨大的风险已经开始出现,并且慢慢浮出水面。

滥竽充数的故事中,南郭先生之所以长期混迹在乐队中没有被发现,就是因为在形式一片大好的情况下,风险被掩盖掉了。

第二大风险:人才越来越同质化,创新人才越来越少

招聘人数多了会带来另外一个问题,即管理复杂度和难度在增加。为了避免管理无序和混乱,企业会出台各种制度和流程,招聘适应管理复杂度的人才,开始制定同质化且高大上的招聘标准,比如同样的学校、同样的专业、同样的导师、同样的成绩、同样的性格等,个性化人才在招聘环节就被排除在外。现有的创新人才很难适应被监控和束缚的管理状态,敢于创新的人开始离职,追求稳定不出错的人越来越多。因此,招人越多,同质化越高,创新能力下降越快,风险越大。终于有一天,商业红利没有了,已经处于"萨尔特流大漩涡"底部了,大企业也没办法保持创新精神,也就只剩下裁员降薪这一招来渡过难关了。大企业人才风险演示如图2-1所示。

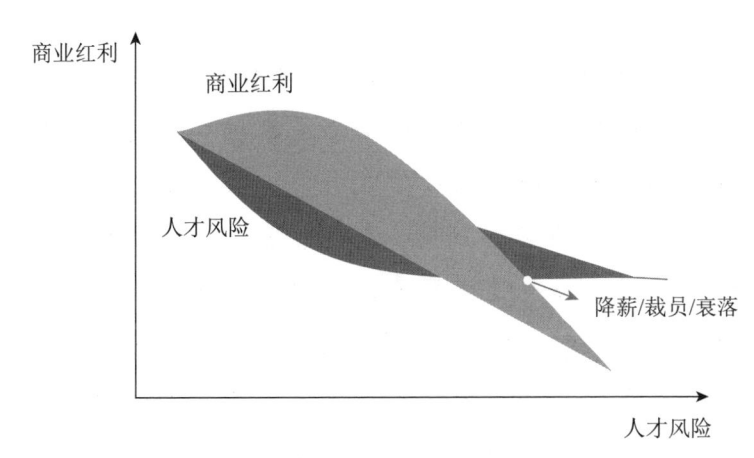

图 2-1 大企业人才风险演示

找人就像一个谜，CEO 总是觉得无人可用，各级经理人陷入具体业务中抱怨人手不够，而肩负找人任务的 HR 团队承受了巨大压力，做了很多找人动作，付出很多努力，投入了很多资源，在"迷宫"里左闯右撞，前赴后继，还是走不出困局。向企业提供诸如"加大招聘力度""寻访更多的候选人""提高薪酬待遇"等建议都显得苍白无力，因为这些建议未能切中要害，无法系统性地解决问题。

重温费洛迪"人才评估错误率"

如果你评估 100 位候选人，假设其中有 10 位是真人才，也是你真正想聘用的人才，并且你的评估准确率是 90%，那么你聘到真人才的成功率会是多少呢？这是全球著名招聘大师费洛迪在其著作《合伙人：如何发掘高潜力人才》一书中提出的问题。

人才评估错误率

当谈及优秀真人才的挑选时，即使你非常厉害，成功的概率还是很小。我常常通过一个逻辑推理问题来解释这一点。假设你只想雇用那些绩效在同侪中居于前 10% 的人，同时假设你的正确率高达 90%。这意味着当你认为某人位居前 10% 时，10 次中你有 9 次都是正确的；同样，当你认为某人不在前 10% 当中时，10 次中有 9 次你也能猜对。现在假设在整个职业生涯中，你评估了 100 位求职者，你的评估结果错误率是多少？

我已经在世界各地与几千名学生、专家及高管做了几百次这个练习。我从多数人那里得到的反馈通常在9%到90%之间。很少有人能凭借直觉给出正确答案，而能够计算出来的人也没有多少。

答案是50%，即你会猜错一半。

为什么评估准确率高达90%的情况下，聘到真人才的成功率只有50%呢？原因如下（评估准确率分解见图2-2）。

你面试了100位候选人，其中有10位是你真正想要的真人才，但是你并不知道是哪10位。由于你的正确率有90%，你可以正确地评估并选出10个真人才中的9位。此时进展还不错，但由于你的正确率是90%，意味着有10%的错误率，所以你会在另外90位你不想要的伪人才中选出9位并视其为真人才。这样，在100位候选人当中，你会把18位归为真人才，但实际上其中有9位根本就不是。如果你聘用了这18位候选人，那么你就同时聘用了9位真人才和9位伪人才。也就是说，实际上你的成功率只有50%。

请注意，费洛迪强调的评估准确率和成功选到真人才并不是同一个指标。

选到真人才成功率＝录用真人才数／录用总人数 ×（录用真人才数＋录用伪人才数）×100%

识人准确率 =（录用的真人才数＋排除的伪人才数）／面试总人数 ×100%

▶ **人才复利**——CEO先是1号找人官

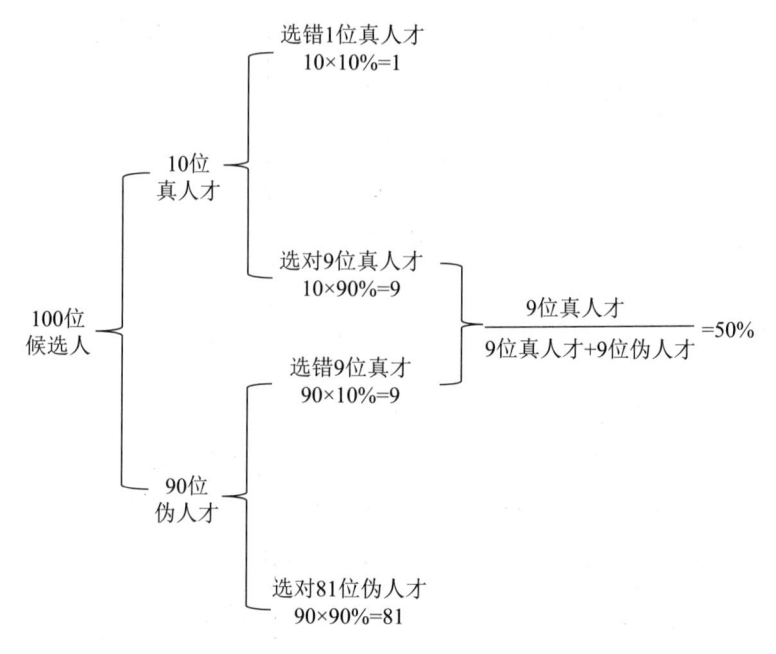

```
                          ┌── 选错1位真人才
                          │    10×10%=1
              ┌── 10位真人才 ┤
              │           │
              │           └── 选对9位真人才         9位真人才
              │                10×90%=9        ─────────────── =50%
100位候选人 ┤                                  9位真人才+9位伪人才
              │           ┌── 选错9位真人才
              │           │    90×10%=9
              └── 90位伪人才 ┤
                          │
                          └── 选对81位伪人才
                               90×90%=81
```

图2-2 评估准确率分解

揭秘企业找人难的真相

100位候选人中有10位真人才,评估准确率为90%,企业聘到真人才的成功率只有50%。如果评估准确率为50%,那么企业聘到真人才的成功率只有10%,几乎找不到真人才,而现实情况并不比这好多少。

企业找人难的三个真相如下。

第一个真相:花费大量时间筛选简历,实际上90%的简历中都没有真人才。

第二个真相:评估准确率很难达到90%,实际上90%的面试都是无效的。

第三个真相:即使找对了真人才,90%的真人才也会拒绝加入。

(一)90%的简历中都没有真人才

谷歌前首席人才官拉斯洛·博克曾提道:"应聘者中最多只有10%会成为顶尖的人才,因为在各个行业,绝大多数的顶尖人才并没有在找工作,他们在现有的岗位上享受着成功。因此,你在投递简历的应聘者中招聘到顶尖人才的概率非常低。"很多时候,真人才不仅仅没有简历,还不会主动找工作。另外,真人才早就被众多猎头或同行盯着，一旦有风吹草动，无数机会就会涌现过来，还没来得及准备简历就被挖到了另一家企业。

企业收取的简历中，符合要求的真人才只有10%。意味着企业收取的简历中90%都不是企业想要的人，企业却花了90%的时间在只有真人才占比10%的简历堆中挑选，这是事倍功半的低效做法，而大部分企业却沉浸其中，日复一日地在低效方式中耗费掉了大量精力，在大海中是捞不到针的，在鸡群中找不到凤凰。只有10%的真人才会由于家庭、身体、年龄、人际关系等原因主动投几份简历，尝试下新的机会。碰到这样的真人才，企业就撞大运了。

（二）90%的面试都是无效的

面试是企业找人过程中最主要的人才评估方式，而真相是90%的面试是无效的。经常会遇到的面试如下。

要么是漫无目的地聊聊天，偶尔问下"你为什么要做这个工作"；

要么是轻描淡写地相互介绍，有兴趣的会探讨下"你的家乡是什么样的"；

要么是根据自己的兴趣去交流，好奇"你一年怎么跑这么多马拉松"；

要么把面试变成了企业的广告时间，吹嘘"我们就是下一个苹果"；

要么把面试当成体现自我能力的场合，教育候选人"你是错的，我是对的"；

要么设计一些"把纸团扔在地上，看候选人会不会捡起"的无聊面试方式；

要么把面试变成了"审核犯人"式的所谓"压力面试"；

要么面对"光鲜亮丽"的候选人，担心候选人不来而不敢多问和细问；

要么把面试当成了滔滔不绝的演讲，把候选人当成听众；

……

面试后，对候选人的评价可能如下。

他/她是个好人，容易相处，我觉得还不错；

他/她篮球打得好；

他/她非常想得到这份工作，我觉得给他/她一个机会吧；

我觉得他/她可以加入企业试试；

……

如果你在面试中也发生过以上提到的现象，说明你的面试是无效的。

（三）90%的真人才都会拒绝加入

真人才并不会把工作当成一份谋生手段，而是当成毕生事业。他们选择工作机会不仅仅对薪酬待遇提出要求，也更关注个人能力发挥空间、企业前景、企业文化等要素。

但很多企业的管理方式只是为管理普通人设计的，而不是为吸引真人才准备的。比如提供"低固定工资加高浮动奖金"的薪酬模式、过于严格的审批和监控流程、缺乏容错和说真话的文化氛围等，这样的条件会把真人才拒之门外。甚至有一些企业认为

"不能做出自我牺牲的候选人是对企业不认同",把候选人能否做出让步来适应企业当成考验候选人的试金石。殊不知这样的企业在面试的过程中就被真人才淘汰掉了。

我曾遇到一位企业CEO,他说:"员工能创造多大的价值,我就可以给多大的回报。如果候选人一开始加入企业就给高薪,万一后来没能创造出高价值,那我就亏大了。"很多企业也都如这位CEO所想,考虑的是"你创造多少价值,我就给多少钱",而人才考虑的是"你给多少钱,我才考虑加入"。企业把风险完全转移给人才的薪酬机制,是吸引不到真人才的。

要吸引真人才,企业必须先付出真金白银和真心实意,而大部分企业的过度管理和层层控制的机制,防范了风险,减少了错误,却也束缚了人才活力和组织活力。因此,90%的真人才都不会接受企业给出的条件,也就不会加入类似的企业。

"3个90%"的现象绝不是危言耸听,除了运气好,找到几位真人才外,企业找到真人才的概率是比较低的,这就揭示了市场上人才很多,但企业忙于招聘又找不到人才的真相。

四 企业找人三大难题

"3个90%"揭示了企业找人难的真相，解除了找人的困惑，但找人的三大难题像三座不可逾越的大山一样，仍然横亘在企业面前。企业找人三大难题如图2-3所示。

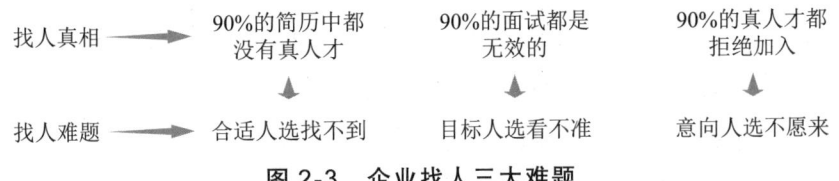

找人真相 → 90%的简历中都没有真人才　　90%的面试都是无效的　　90%的真人才都拒绝加入

找人难题 → 合适人选找不到　　目标人选看不准　　意向人选不愿来

图2-3　企业找人三大难题

第一大难题：合适人选找不到

一边是海量的人才，一边是海量的企业。大量的人才找不到合适的工作，而大量的企业又找不到合适的人才。造成这种状况的原因是三个不对称：企业和岗位都是个性化的、人与人之间是有巨大差异的、企业和人才的需求偏好是个性化的。

三个不对称就导致了低匹配性，如果人与人之间的特质没有差异、人的需求也是同质的，企业用人需求是标准化的，那就不存在企业找不到人、人找不到工作的错配情况。

第二大难题：目标人选看不准

人可以根据外部环境和自己的想法而做出伪装行为。同时，人对他人的判断也带有自己的情绪和主观性，在面试相互考察的特殊环境下，识人的难度会大大提高。再优秀的领导者，都无法确保识人精准度达到100%。

大部分经理人在识人方面都属于"无证上岗"，从而加大了对目标人选看准的难度。

1. 管理者在晋升前没有机会面试

大部分员工是因为业务能力突出而被晋升为管理者的，他们在晋升之前没有机会参与面试，上任后就被安排去找人和选人，就如同没有训练过的新兵直接上战场一样，没有实战经验，不会开枪和冲锋。新人选新人，怎么可能选得准？

2. 大部分企业都缺失面试的训战和认证

大部分企业没有系统科学的面试训战和认证机制，管理者自然而然地拥有面试的权利，主要靠自己摸索。稍微有点意识的企业，会安排面试培训，但这种简单培训作用并不大。因为面试是一项能力，不仅仅是对知识的掌握，知识可以通过上课来获得，但能力只能靠训战来提升。

3. 缺乏人才对比验证而无法提高面试精准度

经理人甲面试过50人，经理人乙面试过200人，那么谁的面试精准度高？可能大部分人会想，数量越多经验越丰富，面试精准度越高。实际上，如果没有掌握科学的面试方法、缺乏基于面试结果的验证和复盘环节，面试量和精准度之间基本没有关系。

以射击为例，如果没有靶子，拿着枪四处射击而不知道是否击中靶心，那么无论射击多少次，都没办法打得准。如果有靶子，第一枪射偏了，第二枪射了 10 环，第三枪射了 9 环，不断地调整姿势、瞄准目标、复盘和总结经验并勤加练习，就可以提高射击精准度。

同样的道理，如果不把候选人入职后的表现和面试时的表现做对比和分析，经理人就不知道选对了哪些人，选错了哪些人。也不知道为什么能选对或选错，也无法提高面试精准度。

以上三个因素是造成对目标人选看不准的主要原因，即使是大企业也难以避开这一难题，甚至有的比中小企业遇到的挑战更大。虽然大企业依靠品牌和薪酬优势能吸引到大量的候选人，但也不能保证能选到最优秀的人才，因为即使可以吸引到 100 个候选人，但面试官不会等到 100 人都面试结束再做选择，大部分情况是面试到十几个人时就会做出选人决策。

第三大难题：意向人选不愿来

企业辛辛苦苦找到意向人选，面试通过后发出了 offer，这个时候最大的风险就是候选人拒绝工作机会，找人依然是一场空。

"意向人选不愿意来"这个难题更多地出现在中小企业身上。而对于大企业来说，不用太担心候选人数量，但对于顶尖人才，也会遇到发了 offer 被拒绝的情况，因为任何企业成功邀请顶尖人才的难度都大。

五 一个公式解决企业找人难题

"不识庐山真面目，只缘身在此山中"，站在山顶才能看到山脚下发生了什么事。近十几年来，我一直帮助企业搭建找人体系，提升找人能力，思考如何系统解决找人难的困惑。如同去医院体检，体检可以清晰地反映身体的健康状况，这样可以对症下药。

借鉴费洛迪的逻辑推理公式，我尝试用一个公式来总结企业找人能力的全貌，揭示找人真相，解决找人之谜。幸运的是，我总结的公式，无论是从理论推导，还是实践总结，都得到了有效论证。

企业找人公式如图 2-4 所示，推导如下。

企业找进真人才 = 人才池人数 × 人才池真人才占比 × 识人精准度 × offer 接受率

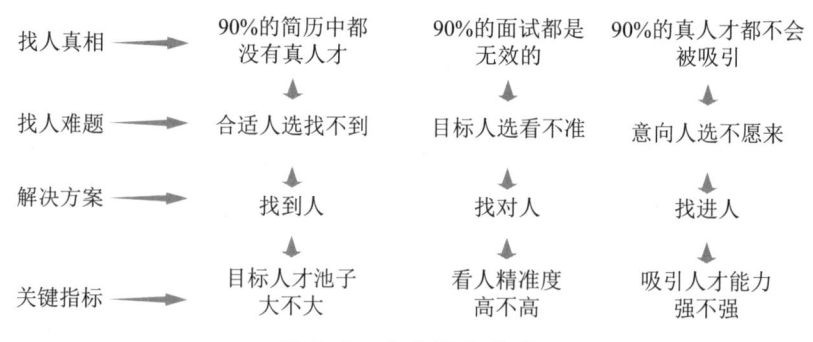

找人真相	90%的简历中都没有真人才	90%的面试都是无效的	90%的真人才都不会被吸引
找人难题	合适人选找不到	目标人选看不准	意向人选不愿来
解决方案	找到人	找对人	找进人
关键指标	目标人才池子大不大	看人精准度高不高	吸引人才能力强不强

图 2-4 企业找人公式

企业要找到优秀的真人才，首先必须知道自身需要的真人才在哪里，即找到人；找到人之后，要评估其和企业需求的匹配性，评估是真人才还是伪人才，也就是找对人；找对了企业需要的人才，这个时候最关键的就是把人才真正地引进来，"入职为安"，即找进人。

（一）找到人、找对人和找进人对应指标

企业找人能力中，找到人、找对人和找进人分别对应什么指标呢？

1. 找到人对应的指标：真人才总数＝人才池的人数 × 人才池真人才占比

人才池的人数定义为面试的人数，不是指简历量，也不是指意向候选人数量。人才池真人才占比指的是面试人数中真正符合企业要求的真人才比例，可以衡量企业的找人能力。

高指标代表着企业能找到足够多的真人才，低指标代表企业只能找到较少的真人才。如何界定真人才呢？这里采取的是滞后指标，即入职至少六个月后绩效为优的人才，才被视同真人才。

真人才总数＝人才池的人数 × 人才池真人才占比

人才池真人才占比范围是多少呢？我认为低值可以是10%，极端低值为0，即找到的人都不是企业需要的目标人群；高值可以达到50%，即面试的10个人中有5个真人才，极端高值可以达到100%，即找到的人都是符合企业要求的目标人群。人才池的真人才占比正常范围是10%~80%，平均值约为20%。

2. 找对人对应的指标：识人精准度

识人精准度（评估准确率），即真人才占面试通过人数的比例，代表一个领导者的识人水平。

识人能力有高低，可能会把伪人才看成真人才，也可能会把真人才误认为伪人才，即使是千里马，也不是人人能认出是良驹，再高明的识人高手都会有看走眼的时候。识人精准度高，代表着能把真人才识别出来，也能把伪人才剔除候选范围。

识人精准度 =（录用的真人才数 + 排除的伪人才数）/ 面试总人数 ×100%

识人精准度的正常范围是多少呢？

我们经常听到企业 CEO 提道："那一年我们录用的 10 个人，最终留下来并且表现还不错的只有 1 个人。"在任何企业，至少有 10% 的真人才，我认为识人的精准度低值可以是 10%，即靠感觉识人，运气好的话还是可以碰到真人才的。彼得·德鲁克曾说："经理人在晋升和人员配置方面的决策能力较差，他们的平均成功率不超过 30%，其决策中最多只有 1/3 被证明是正确的，另有 1/3 勉强算得过去，还有 1/3 则是彻头彻尾的失败。"另外，顶级招聘专家费洛迪发现，企业评估自己员工发展潜力的精准度仅为 30%，而顶级人才评估公司识人精准度可以高达 90%，费洛迪可以达到这个标准。因此，识人精准度平均值可认为是 30%，高值可以认为是 90%。基于以上的数据研究，识人精准度正常范围为 10%~90%，极端低值为 0，极端高值为 100%。

3. 找进人对应的指标：offer 接受率

offer 接受率是指通过面试评估的人才接受企业工作邀请的

概率，代表着工作对人才的吸引力。

高 offer 接受率表明工作对人才吸引力很强，找到人和找对人方面花费的精力不会被浪费；低 offer 接受率表明工作对人才没有吸引力。当然，有些企业因为找不进优秀真人才，放低工作标准从而提升 offer 接受率，甚至也能达到 80% 以上，但这种情况是需要警惕的，因为有可能接受 offer 的人群中有大量的伪人才，这会让企业用人成本和间接损失更大。

offer 接受率 =（接受 offer 的人数 / 发出 offer 的总数）× 100%

offer 接受率的正常范围是多少呢？我认为高 offer 接受率可以达到 90%，即给 10 个目标候选人发了 offer，9 个候选人接受，1 个候选人拒绝。低 offer 接受率为 30%，平均 offer 接受率大概为 60%。因此，offer 接受率正常范围为 30%~90%，极端低值为 0，极端高值为 100%。

企业找人完整公式如下。

企业找人 = 找到人 × 找对人 × 找进人

找人能力 = 人才池人数 × 人才池真人才占比 × 识人精准度 × offer 接受率 + 人才池人数 ×（1- 人才池真人才占比）×（1- 识人精准度）× offer 接受率

假设企业找不到人，即该值为 0，那么即使找对人的能力和找进人的能力为 100，那么企业找人的值仍然为 0，也就是找不到人。

用一句话概括企业找人能力：从多少人中找进了多少真人才并误选了多少伪人才。

从多少人中找，代表企业的找人成本。

误选了多少伪人才，代表企业的找人损失。

找进了多少真人才，代表企业的找人能力。企业找人能力高，意味花最少的精力最快找对真人才，并最大限度避免选到伪人才，即面试最少的人找进足够数量的真人才，并且将误选伪人才的损失降到最低。

企业借助找人公式，就可以根据某一个阶段内的某一个岗位数据，来检视企业找人能力。比如某企业需要招聘13名销售人员，面试总人数为50人，人才池真人才占比为20%，识人精准度为70%，offer接受率为70%，那么检测该企业找人能力如表2-1所示，具体的数据如下。

表 2-1　检测该企业找人能力

企业	人才池				识人精准度	面试通过的人数		offer接受率	入职人数（四舍五入）		
	人才池人数	真人才占比	真人才数	伪人才数		真人才数（a）	伪人才数（b）		总数	真人才数	伪人才数
找人	50	20%	10	40	70%	7	12	70%	13	5	8

企业找人 = 50 × 20% × 70% × 70% ≈ 5人，意味着企业找对了 5 个真人才。因为识人准确率为 70%，误选率为 30%，那么企业误选的伪人才为 50 ×（1-20%）×（1-70%）× 70% ≈ 8人，企业找进来的总人数为 5+8=13 人，其中 8 人是伪人才。

企业找人 = 找进了 5 名真人才 + 误找进 8 名伪人才，因此，企业的找人能力为：从 50 人中找进了 5 名真人才并误选了 8 名伪人才。

（二）用找人公式透视企业找人能力

基于上文分析，可以总结出三个找人指标的取值，包括正常范围和极端值如表 2-2 所示，衡量不同企业的找人能力。

表 2-2　三个找人指标的取值

企业找人指数	低值	平均值	高值	正常范围	极端低值	极端高值
人才池真人才占比	10%	20%	50%	10%～50%	0	100%
识人精准度	10%	30%	90%	10%～90%	0	100%
offer 接受率	30%	60%	90%	30%～90%	0	100%

1. 找到同样数量的真人才（见图 2-5）

4 家企业要找到 3 名真人才，人才池真人占比、识人精准度、offer 接受率分别是低值、平均值、高值和极端高值，那么要面试的人数，即人才池的人数有什么差异吗？

企业找人	=	人才池人数	×	人才池真人才占比	×	识人精准度	×	offer接受率	入职总数	真人才	伪人才
企业A		1000		10%		10%		30%	246	3	243
企业B		83		20%		30%		60%	31	3	28
企业C		7		50%		90%		90%	3	3	0
企业D		3		100%		100%		100%	3	3	0

图 2-5　找到同样数量的真人才

从上图公式中可以看出不同企业的找人能力。

企业 A：从 1000 人中找进了 3 名真人才并误选了 243 名伪人才。

企业B：从83人中找进了3名真人才并误选了28名伪人才。

企业C：从7人中找进了3名真人才并没有误选人才。

企业D：从3人中找进了3名真人才并没有误选人才。

企业A为了找到3名真人才，要面试1000人，而企业B、企业C和企业D只需要面试83人、7人、3人就可以了，同时企业A为了找到3名真人才，会误选243名伪人才。如果你的企业是A的话，不仅要投入数倍于其他企业的面试时间和资源，还会找进数倍于真人才的伪人才，伪人才对于企业的直接成本损耗和间接成本消耗将是巨大的，需要引起警示的是这些伪人才会拖垮企业。

企业实践中，企业A甚至找不到1000个人来面试，那么就更不可能找到真人才了。

2. 人才池数量对找人的影响（见图2-6）

在人才池真人占比、识人精准度、offer接受率等指标分别是平均值的情况下，人才池数量的变化对找人有什么影响？

企业找人	=	人才池人数	×	人才池真人占比	×	识人精准度	×	offer接受率	入职总数	真人才	伪人才
企业A		10		20%		30%		60%	3	0	3
企业B		28		20%		30%		60%	10	1	9
企业C		56		20%		30%		60%	21	2	19

图2-6 人才池数量对找人的影响

从上图公式中可以看出不同企业的找人能力。

企业A：从10人中没找到真人才并误选了3名伪人才。

企业B：从28人中找进了1名真人才并误选了9名伪人才。

企业C：从56人中找进了2名真人才并误选了19名伪人才。

可以看出，如果企业想找人，面试量太少的影响是非常大的。很多企业说找人难，企业CEO说总共面试了10个人，面试10个人就想挑到真人才，这本身就是小概率事件。企业C面试了56个人，录用了21人，但其中19个是伪人才，意味着企业识人精准度不高的情况下，录用人数越多，录用的伪人才也会越多，企业的风险越大，管理效率越低，人效也越低。所以对于识人精准度不高的企业，录用人才越多也会导致风险越大。

3. 真人才占比对找人的影响（见图2-7）

在人才池人数为100、识人精准度和offer接受率分别是平均值的情况下，真人才占比的变化对找人有什么影响？

企业找人	=	人才池人数	×	人才池真人才占比	×	识人精准度	×	offer接受率	入职总数	真人才	伪人才
企业A		100		2%		30%		60%	41	0	41
企业B		100		10%		30%		60%	40	2	38
企业C		100		20%		30%		60%	37	4	33
企业D		100		50%		30%		60%	30	9	21
企业E		100		100%		30%		60%	18	18	0

图2-7 真人才占比对找人的影响

从上图公式中可以看出不同企业的找人能力。

企业A：从100人中没找到真人才并误选了41名伪人才。

企业B：从100人中找进了2名真人才并误选了38名伪人才。

企业C：从100人中找进了4名真人才并误选了33名伪人才。

企业 D：从 100 人中找进了 9 名真人才并误选了 21 名伪人才。

企业 E：从 100 人中找进了 18 名真人才并没有误选伪人才。

在人才池总量，也就是面试量都是 100 人的情况下，人才池真人才占比越高，找到真人才的概率越高。企业 A 面试了 100 人，找进的 41 名人才中，没有真人才，全是伪人才，这个数据揭示了企业的一个现实困惑：为什么面试了不少人，都不合适。因为面试的候选人中本来就没有真人才，如同在废铁中是找不到金子的，在这样的情况下，即使天天面试，也找不到企业想要的真人才。

假如企业找的人才都是真人才，即真人才占比 100% 的理想情况下，这个时候无论怎么选，都不会误选到伪人才，就像在金子中不会选到废铁。

4. 识人精准度对找人的影响（见图 2-8）

在人才池人数、真人才占比、offer 接受率等指标分别是平均值的情况下，识人精准度对找人的影响程度有多大？

企业找人	人才池人数	人才池真人才占比	识人精准度	offer接受率	入职总数	真人才	伪人才
企业A	100	20%	10%	60%	44	1	43
企业B	100	20%	30%	60%	38	4	34
企业C	100	20%	90%	60%	16	11	5
企业D	100	20%	100%	60%	12	12	0

图 2-8　识人精准度对找人的影响

从上图公式中可以看出不同企业的找人能力。

企业 A：从 100 人中找进了 1 名真人才并误选了 43 名伪人才。

企业 B：从 100 人中找进了 4 名真人才并误选了 34 名伪人才。

企业 C：从 100 人中找进了 11 名真人才并误选了 5 名伪人才。

企业 D：从 100 人中找进了 12 名真人才并没有误选到伪人才。

在其他指标不变的情况下，识人精准度越低，找对真人才的概率越低，而让伪人才混进企业队伍的概率越大，这解释了一些企业找进了大量的人，而其中产生高绩效的真人才很少的现象。

假如识人精准度达到理想值 100%，练成了"火眼金睛"，即使真人才占比很低，也能够选到真人才，如同在一大堆废铁中能找到被掩埋的微小金子，只是耗费的面试量非常大。

5. offer 接受率对找人的影响（见图 2-9）

在人才池人数、真人才占比、识人精准度等指标分别是平均值的情况下，offer 接受率对找人的影响程度有多大？

企业找人	=	人才池人数	×	人才池真人才占比	×	识人精准度	×	offer接受率	入职总数	真人才	伪人才
企业A		100		20%		30%		8%	4	0	4
企业B		100		20%		30%		30%	19	2	17
企业C		100		20%		30%		60%	38	4	34
企业D		100		20%		30%		90%	55	5	50
企业E		33		20%		30%		100%	20	2	18

图 2-9　offer 接受率对找人的影响

从上图公式中可以看出不同企业的找人能力。

企业A：从100人中没找到真人才并误选了4名伪人才。

企业B：从100人中找进了2名真人才并误选了17名伪人才。

企业C：从100人中找进了4名真人才并误选了34名伪人才。

企业D：从100人中找进了5名真人才并误选了50名伪人才。

企业E：从33人中找进了2名真人才并误选了18名伪人才。

企业E的人才池调整为33人，便于和企业B比较。在offer接受率为30%的情况下，企业B要面试100人才能找进2名真人才；在offer接受率为100%的条件下，企业E只需要面试33人就可以找进2名真人才。

从图中可以看出，offer接受率越低，人才加入的概率越低，找人成本越高。尤其是候选人数量有限的情况下，企业好不容易找到一个候选人，经过各种面试，最后因为薪酬待遇没有吸引力，候选人拒绝了offer，也就意味着前面的一系列找人工作无效了。

需要说明的是，企业遇到的实际找人情况要比公式复杂得多，况且找人公式还存在一些漏洞。比如一个企业offer接受率为80%，这个是平均计算的结果，有可能真人才和伪人才对offer接受率有差异。另外，企业也很难统计在面试环节被淘汰的人才中，哪些是真人才，哪些是伪人才，因为大部分企业不会追踪未被录取人才的表现，也就很难验证被淘汰人才的后续绩效表现。

在集体面试中，即使某个面试官识人精准度很高，但是在人才决策环节受到其他面试官影响,使得个人观点和集体决策意见不一致,统计数据时也会把集体面试意见视同个人面试意见,从而导致识人精准度的不真实。

尽管企业找人公式并不完美,并不能完全展示企业找人的客观现状,但至少揭示了企业找人的关键要素,解释了系统逻辑。企业不必纠结个别数据的精准性,尝试算一遍找人公式,找到影响找人的关键因素,才能破解找人难题。

六 破解找人之谜的 4D 模型

很多企业天天找人，一直在犯错和试错，如果在营销、研发、生产、财务等领域存在这种情况，是绝对不允许的，遗憾的是，企业找人方面一直没有得到改善。这是因为企业一直在盲人摸象，管中窥豹，从一些细枝末节上尝试解决，只是在招聘渠道、招聘流程、招聘简章、面试方法等方面做改进，无疑是修修补补，不能从根本上解决招不到人才的问题。

解决问题需要站在系统的高度，先看清再解决，先全局再破局。

从之前的企业找人公式可以看出，影响找人公式指标的三个关键因素是目标人才池子大不大、看人精准度高不高、吸引人才能力强不强。它们分别对应的困惑是三大难题：合适人选找不到、目标人选看不准、意向人选不愿来。找人的核心三步是找到人、找对人和找进人，此外还有以人才为中心的组织保障，即 4D 找人模型，如图 2-10 所示。

Discover：找到人，发现目标人才在哪里。

Distinguish：找对人，识别出谁是真人才。

Draw：找进人，把真人才吸引进来。

Depend：组织保障，建立以人才为中心的组织。

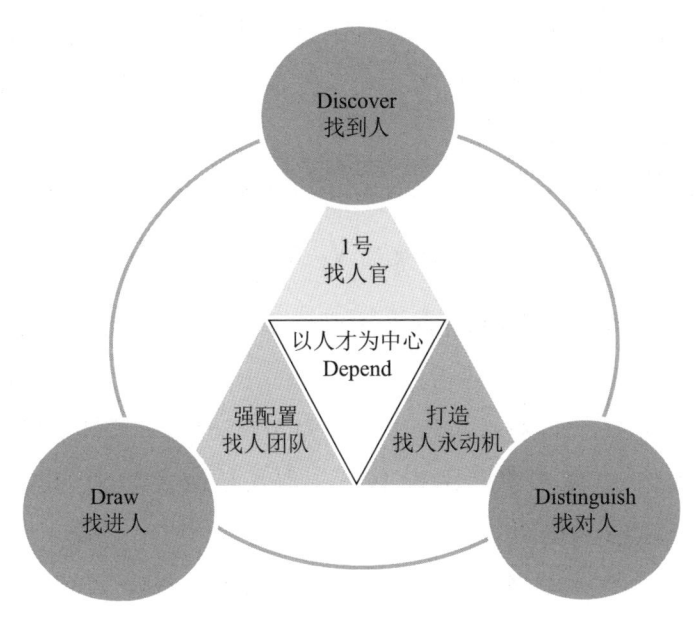

图 2-10　4D 找人模型

组织保障包括三大要点。

① 以 CEO 为代表的 1 号找人官。

② 配置强大的找人专职团队。

③ 打造找人永动机。

找到人、找对人、找进人这三者是什么关系？对影响找人的程度是不是都一样？企业要先提升哪个，后提升哪个？不能眉毛胡子一把抓。

（一）找到人事半功倍

当企业要找人的时候，会重点做什么？

A. 花精力找到目标人群。

B. 花精力识别目标人才。

资深猎头顾问 William 研究了真人才占比和识人精准度对招聘成功率的影响模型（见图 2-11），值得学习和借鉴，我也进行了借鉴和论证。

回顾一下费洛迪的公式，设人才池真人才占比为 a，识人精准度为 b，找对真人才成功率为 X，则 $X = \dfrac{ab}{ab+(1-a)(1-b)}$，如图所示，其中纵坐标为找对真人才成功率 X，横坐标为识人精准度 b，曲线为人才池真人才占比 a。

以下是实现找对真人才成功率为 50% 时四个举措的比较。

曲线一：真人才占比为 10%，识人精准度达到 90%，找对真人才成功率才有 50%。

曲线二：真人才占比为 20%，识人精准度要达到 80%，找对真人才成功率才可以达到 50%。

曲线三：真人才占比为 50%，识人精准度只需要达到 50%，找对真人才成功率就可以达到 50%。

曲线四：真人才占比为 80%，识人精准度只需要达到 20%，找对真人才成功率就可以达到 50%。

杰克·韦尔奇经过 30 年的训练，将识人精准度从 50% 提高到了 80%，因此将识人精准度提高到 90% 是难度极高的事情，即使提高到 90%，也必须经过大量的面试才能选到真人才，投入的时间和精力是曲线一举措的 10 倍以上。所以有些企业天天面试却找不到真人才，是因为面试的群体中真人才占比很低，而大企业可以瞄准真人才占比高的群体来选人，比如在知名高校、知名企业等，这些群体本身真人才占比较高，即使识人精准度不高，也可以选到众多的真人才。能否找到足够多的目标人群，目标人才池大不大，决定了企业是万里挑一、千里挑一、百里挑一、十里挑一还是无人可选。

第二章 破解企业找人之谜

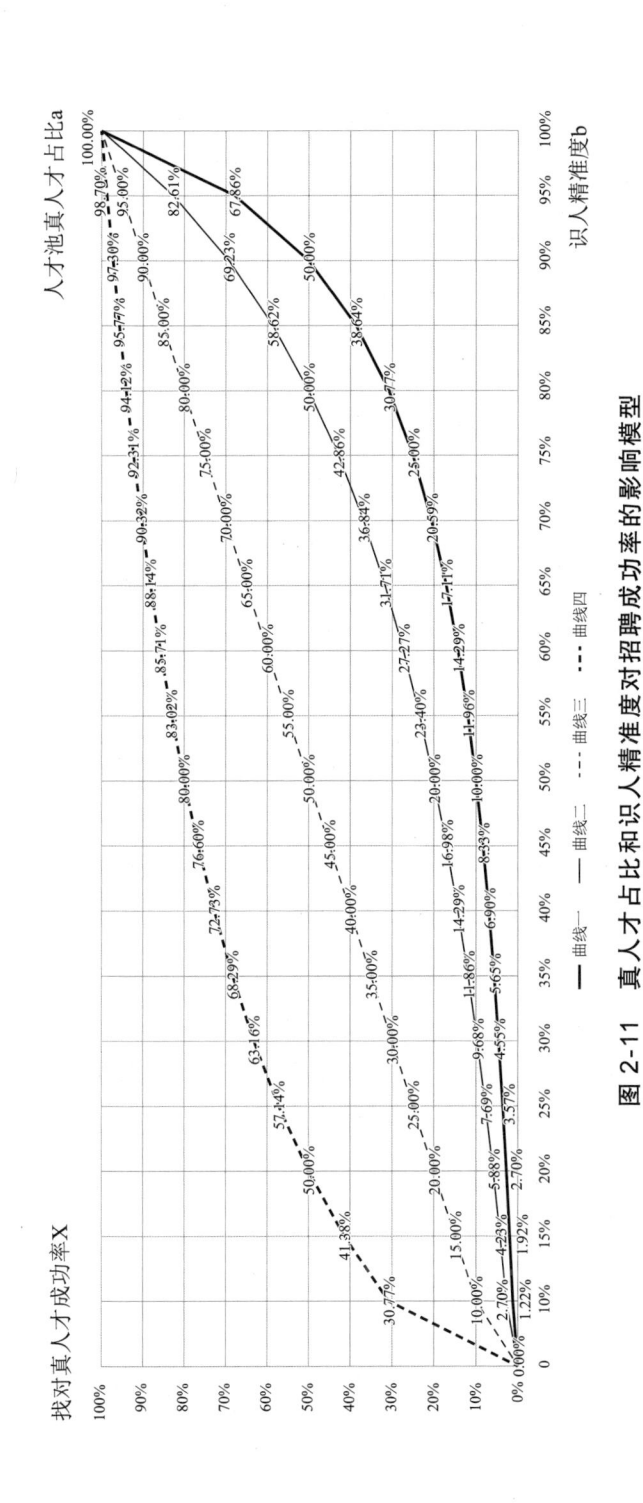

图 2-11 真人才占比和识人精准度对招聘成功率的影响模型

所以企业事半功倍的找人做法是先选择曲线一举措，找到目标群体选到优秀真人才的可能性，要比从真人才占比低的群体中，依靠精准选人能力选到真人才的成功率高。同时，曲线一举措的选人成本低，投入精力少。

与其沙中淘金不如去金矿直接挖金，找人才也是这样，要在鱼多的地方下网。

埃隆·马斯克是如何找到目标人才的

埃隆·马斯克为了追逐太空梦想，创办了SpaceX（美国太空探索技术公司），伟大的事业需要顶尖人才，否则梦想就会变成幻想。

在创办SpaceX之前，为了寻找最顶尖的航空人才，马斯克做了搜寻工作，思考去哪里才能找到顶尖航空人才。美国洛杉矶是太空产业最发达的城市，马斯克首先把家搬到了洛杉矶，接着他打听到了汇集太空爱好者的组织"火星学会"，花了5000美金参与了筹款活动并加入了"火星学会"。后续他又加入了"火星学会"董事会，捐献了10万美元赞助科研项目。自此，马斯克接触了美国最顶尖的航空人才，找准了足够数量的目标群体，挖了大量的航空人才，才使SpaceX成为明星企业。

（二）找进人是前置条件

一家企业CEO找到一位高管候选人，经过多次面试和测评，最终决定录用他。虽然候选人也提出希望知道待遇范围，但企业告知他没到谈薪酬的环节，谈薪酬待遇的时候，企业给的最高薪酬却远远低于候选人的预期，最后候选人非常气愤，双方洽谈失败。企业找到另一位候选人的时候，还没有沟通工作详细情况就被该候选人拒绝了，后来企业才知道，本企业的薪酬水平低已经在行业中留下了不好的名声，人人避之。

企业要找进人就需要以人才的角度提供吸引力和空间，而不是以企业为中心，抱着"你爱来不来，你不来，我再找其他人"的心态；要招进顶尖人才，不仅仅是筑巢引凤，更要因凤筑巢。良禽择木而栖，贤臣择主而事。企业如果不能为人才提供有吸引力的薪酬和发展空间，即使找到人才，也无济于事。因此，找进人虽然是找人的最后动作，却是找人的前置条件。

（三）找对人是回避不了的累活

当企业在"找到人"和"找进人"都做得比较好的情况下，在找人方面就可以有主动选择的空间，有大量人选情况下，找对人就变成了工作重心。如何从大量的人群中评估哪些是真人才，哪些是伪人才，显得尤为重要。如果没有有效的找人流程和方法，是没办法从海量人才中评估出真人才的。提高识人精准度，对每一个CEO或领导者都是必修课，要投入时间和精力去学习和修炼。而在企业层面，要构建整体找人体系和流程，也是需要投入巨大精力和费用的，很难有一日千里的捷径。一旦掌握了科学识人方法和工具，提高了识人精准度，对领导者个人是受益终生的，对企业来说，是提高商业竞争力的高价值做法。

找到人、找对人、找进人，三者关系既有先后，又有轻重，找到人事半功倍，找进人是前置条件，找对人是需要持续修炼的能力，要构建企业找人能力，三者缺一不可。

"南辕北辙"式的人才招聘

A企业是一家销售驱动的行业头部企业，得益于成熟的商业模式和行业上升周期，企业处于高速发展阶段，在全国开拓市场，进驻上百个城市，销售人员数量逐渐变成了发展瓶颈。A企业组建了上百人的招聘部门，具有独特的文化和运营模式，招聘策略是招聘大学毕业生，再培养成销售骨干和管理者。A企业每年收取的大学生应聘简历高达几十万份，而销售人员的试用期通过率只有40%，试用期标准有硬性的业绩目标，不是靠上级主观评价，因此能够评估出销售人员绩效优劣。试用期通过率低主要因素是人才招聘难题。

为了解决巨大的人才招聘缺口，满足业务需求，A企业计划增加招聘预算，开通更多的招聘网站端口，增加更多的招聘人员，这样做能解决招聘难题吗？

下面从找人公式来分析和透视A企业的招聘问题。每年收取几十万份目标人群简历，A企业提供的薪酬和发展平台在行业中处于领先水平，其offer接受率高达90%。决定企业找人的三大因素是找到人、找对人和找进人。A企业找到人和找进人方面做得比较好，不是影响其招聘难的关键因素。销售人员试用期通过率只有40%，意味着招错了60%的销售人员，消耗了A企业大量的精力和财力，因此，A企业招聘难的关键是找对人，企业人才识别能力和面试能力比较弱。

通过数据分析和实地调研，我们发现A企业在人才招聘流程和面试环节比较粗放和随意，没有清晰的人才画像，缺乏有效的测评工具，没有规范的招聘流程，中高层没有接受过科学系统的面试培训和认证，各自按照主观经验和感性方式评估人才。每天招聘部门初试数百人，招聘专员忙着收集简历和电话邀约面试，而专业面试官只有3位，一上午集中面试，决定数百名应聘者的录用或淘汰。通过初试的候选人，再前往各个门店复试。这样的流程安排，选对人的概率和抛硬币的概率不相上下，靠运气而已。

要破解企业A招聘难题，关键是提升找对人的能力，提升人才面试和甄别水平，这才是事半功倍的解决方案。而A企业计划增加更多的招聘网站端口，增加更多的招聘人员，吸引更多的应聘者，这样"南辕北辙"的做法，只能加大招聘工作量，消耗更多的资金和成本，招错更多的人选，导致重复招聘，同时降低了企业效率，影响了市场竞争力。

我们的咨询专家团队通过3个月时间，聚焦找对人解决方案，帮助A企业制定清晰人才画像，建立科学的招聘流程，培养和认证了100个合格找人官。3个月后，销售人员试用期通过率从40%提升到了接近60%，减少了上亿元的招错人成本。更重要的是找对了更多销售人员，提升了业绩，并固化成一套找人机制，帮助A企业源源不断地找进更多的优秀真人才。

（四）4D找人法具体做什么

本书不是一本操作类的工具指引书，不重点描述"What"和"How"，而是更多地把"Why"讲透彻。人们如果不明白为何这样做，便没有兴趣去了解"What"和"How"。尽管如此，我还是把4D找人法的具体内容呈现出来，让读者更容易理解。4D找人法关键步骤如图2-12所示，具体如下。

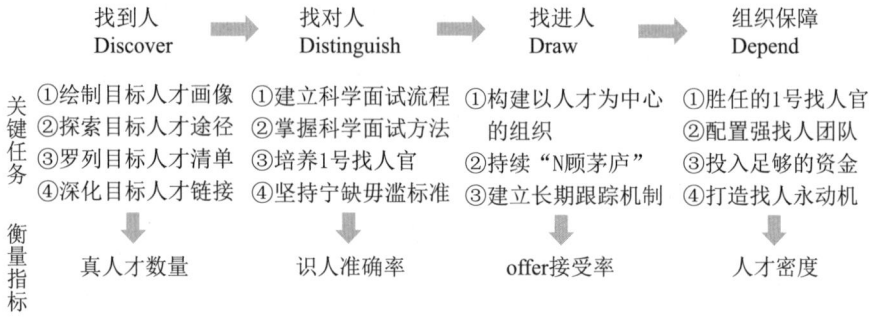

	找到人 Discover	找对人 Distinguish	找进人 Draw	组织保障 Depend
关键任务	①绘制目标人才画像 ②探索目标人才途径 ③罗列目标人才清单 ④深化目标人才链接	①建立科学面试流程 ②掌握科学面试方法 ③培养1号找人官 ④坚持宁缺毋滥标准	①构建以人才为中心的组织 ②持续"N顾茅庐" ③建立长期跟踪机制	①胜任的1号找人官 ②配置强找人团队 ③投入足够的资金 ④打造找人永动机
衡量指标	真人才数量	识人准确率	offer接受率	人才密度

图 2-12　4D找人法关键步骤

本章关键发现

1. 大企业要警惕招人越多的时候风险越大。
2. 找人难的原因：90%的简历中都没有真人才，90%的面试都是无效的，90%的真人才会拒绝加入。
3. 不从系统和整体角度入手，只是招聘环节的修修补补改变不了招人困境。
4. 找到目标人群是企业找对优秀人才的最高效方式。
5. 对人才评估的能力是领导者的短板和盲区。

CHAPTER 3

第三章 找到人：大海里捞不到针

谷歌每年收到超 300 万份应聘简历，而只有大约 0.25% 的应聘者能够被录用。被录用的应聘者中，大概 50% 来源于内部员工推荐，另外 50% 来源于内部人才搜索公司主动出击。

找人前先定战术

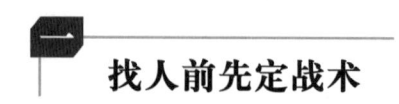

战争中要打胜仗，指挥官一定会想好战术：采用伏击战还是运动战，闪电战还是拖延战术，迂回穿插还是步步为营，攻城战还是堑壕战。没有战术的支撑，战争是很难取胜的。兵圣孙武撰写的《孙子兵法》和古罗马军事理论家塞克斯图斯·尤利乌斯·弗龙蒂努斯留下的著作《谋略》，讲的大部分是战争谋略，也就是战术。对企业来说，找到真人才的挑战性不亚于打一场硬仗，尤其是找对高能级人才。

企业缺人就习惯性把职位挂到招聘网站上，不加分析和深度思考，匆匆忙忙采取行动，这样做十有八九会磕磕绊绊，做了很多无用功又找不到真人才。

找人方面有哪些战术呢？要根据企业的战略需求、管理成熟度和外部人才供应状况来选择，可以从以下几个方面思考。

1. 降级找人还是升级找人

降级找人指的是降低职级或降低硬性条件去寻找人才，这样就能扩大选择人才的范围。比如企业招聘一个总监，可以从外部选择经理级的人才，因为不同企业职位等级有能力差，一个企业的经理级人才能力甚至比另一个企业的总监级人才要强，这种方式不是降低标准，而是降低职级。降低职级找人不仅仅可以找到高潜力人才，同时节省用人成本，对人才也有较大的吸引力。

升级找人，也就是"杀鸡要用牛刀"，比如企业在快速扩张期可以超配人才，一个经理的岗位可以按照总监的标准和职级去找人。

2.找"好士兵"还是"雇佣军"

找"好士兵"一般是从校园招聘优秀的种子人才，再培养成成熟人才。

找"雇佣军"一般是从社会招聘有经验的成熟人才，可以快速补充岗位空缺，快速上手工作。

一般企业在业务高速发展期，培养"好士兵"来不及满足业务发展需要，可以加大社会招聘规模和比例，满足短期需求；当企业发展进入比较稳定的阶段，可以加大校园招聘的规模和比例。要注意，无论企业发展处于什么阶段，保持校园招聘规模和比例，培养自己的"好士兵"团队，始终是企业建立可持续人才梯队的基础保障。

3.定向搜寻还是定人搜寻

定向搜寻是根据企业的用人要求，定位对标企业、行业、学校、专业等人才群体去找人。比如企业要采用连锁化的发展模式，找一个运营经理，就要去大型连锁机构定向挖猎。

有的岗位没有那么多的行业或专业条件限制，只需要根据人的通用能力去找人就可以了，这叫定人搜寻。3G资本的成功之处就是找到优秀真人才：他对真人才的定义是"PSD"，即出身贫寒（Poor）、聪明（Smart）、有强烈的致富野心（Deep Desire to Get Rich），只要符合这个标准就可以加入3G资本。

二 在鱼多的地方下网

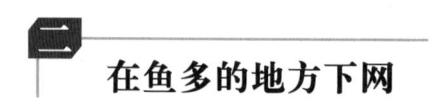

刚果河是非洲第二长河，位于非洲中西部。它全长约 4640 千米，流域面积约 370 万平方千米。刚果河有 300 多种鱼类，有长达一米以上、口生利齿，体重上百千克的巨型虎鱼，还有半人高的巨鲶。河水越是湍急的地方，鱼越多越大。

博约马瀑布群是刚果河水流最湍急的地方。瓦格尼亚人祖居地在坦桑尼亚，他们顺着激流来到了基桑加尼，擅长捕鱼的他们在博约马瀑布旁定居。瓦格尼亚人不在平静的河流旁定居，而在水流湍急的地方定居，是因为他们知道，水流越急，捕到的鱼越大越多。瓦格尼亚人在激流中搭起木架，用木棍和藤条编制成号角状的捕鱼筐，把捕鱼筐用绳索固定在木架上，放入激流中，刚果河的激流会把鱼带到捕鱼筐里。于是瓦格尼亚人很容易捕到足够多的大鱼，当然这种捕鱼方式也是最危险和难度最大的，要在激流中保持平衡，爬进鱼筐里抓鱼，一个疏忽就会被大水冲走。

中国的赛里木湖位于新疆天山山脉附近，面积相当于 70 个西湖，湖水清澈见底，透明度可以达到 12 米，但是湖里却没有一条原生鱼，是我国唯一"没有鱼"的湖泊。

如果你要捕捞更多更大的鱼，你会选择激流湍急的刚果河博约马瀑布群，还是选择清澈无鱼的赛里木湖呢？睿智的人总会选择前者。

去真人才多的地方找人

在十几年之前，有一个我印象很深刻的找人案例，我那时还在一个房地产上市公司做招聘主管，公司楼盘要达到五星级售楼中心标准。周五当天，茶水服务员家里有急事，要辞职回老家，而公司楼盘计划周日开盘，只有一天半的招聘时间。茶水服务员虽然是一个基层岗位，但岗位缺失或培训不合格会影响开盘当天客户的体验，必须在一天半时间内招到人并培训到位。如果在招聘网站发布招聘信息，再收取简历、面试和做入职培训，根本来不及，去现场招聘更耗时耗力。后来，我思考：如何快速找到能快速上岗，且不用花费大量培训就可以合格上岗的候选人呢？

我灵机一动，拿出手机打开百度地图软件，搜索方圆3公里内的茶社和咖啡厅，然后花了一下午的时间去了周围2个茶社和1个咖啡厅。进入茶社和咖啡厅，我开始点茶水，观察店里服务员数量、服务热情度和形象。在服务员上茶水的时候，我会趁店长不注意悄悄塞给服务热情的服务员一张名片，上面有公司名称、职位和联系方式，并小声介绍道："我是周围××公司的招聘主管，我们有一个售楼中心叫×××，现在需要招聘一名茶水接待员，工资肯定比你现在的要高，如果有兴趣，明天上午可以到公司参观和交流。"一下午的时间，没有服务员给我确定的答复，我心里还是没底，只好再想想其他办法。

第二天上午上班不久，昨天接到我招聘名片的七八位服务员找到了售楼处，并且说了面试事项。这些服务员都是受过专业培训和有丰富服务经验的，根本不需要再培训。面试了一个小时，我从中选择了一位优秀的茶水服务员，结果下午就上班了（入职手续推迟到下一周）。

三 抛弃等人上门的方式

从找人的公式可以判断，找到真人才占比高的群体才是找人事半功倍的做法。要在目标人群多的地方找人，而不是漫无目的的大海捞针式地找人。

实际上，大部分企业找人难的原因，是还停留在等人上门、守株待兔的被动招聘方式上。

①在招聘网站或 App 上发布招聘广告，然后坐等简历。

②把招聘海报转发到朋友圈，坐等人才上门。

③和猎头签订合同，坐等猎头推送人选。

④把招聘广告发到公司群，并说明内推奖励政策，坐等员工推荐。

⑤参加人才招聘会，摆个摊位，守株待兔。

……

3 个月勤奋但低效的招聘工作

我大学毕业后的早期职业经历是在一家销售型公司做人力资源专员，公司 95% 的员工是销售员，在巨大销售压力下，每天都有人入职或离职，因此，我的主要工作内容就是招人。

我经常是大清早去赶各个现场招聘会，摆一个招聘摊位，挂一个招聘海报，就开始等待候选人投递简历，运气好的话能收取几十份，运气不好的话只能收到几份。中午我吃完盒饭后就赶回公司，下午登录招聘网站查看和搜集简历，然后通知和安排第二天的候选人面试。由于我的勤奋，销售主管面试量大大增加，公司CEO还开会表扬了我。一个月过去了，我分析和统计了招聘数据，发现留下来的销售员没有几个是优秀的，销售业绩也不尽如人意，我的招聘成果没有预料得好。

我心里有些沮丧，销售主管安慰道："销售人员就是这么难招，别灰心。"我想，参加的招聘会还不够多，上网搜集的简历还有增加的空间。于是在第二个月，我把能搜集到的所有现场招聘会都标在日程表上，无论是校园招聘会还是社会招聘会，无论是政府组织的还是人才机构组织的，至少增加了一倍的次数，更不会遗漏周六和周日的现场招聘会。除此之外，我向CEO申请到了额外预算，把招聘网站上一年用的简历搜索量一个月就用掉了，收取的简历确实增加了，面试数量也增加了，贡献了几个入职并成功留下来的销售员。但其中一部分为内部员工推荐的人选，另外一部分员工的销售业绩也仅仅达到合格而已。我也针对离职员工做了调研分析，一部分提到了"工资不高"的问题，一部分提到了"下班后还要开晚会"的问题，这确实是导致员工离职的原因，但CEO一时改变不了这两个条件，公司内部表现优秀的销售员也并没有因为这两个问题而离职。

到了第三个月，虽然我还在持续做着招聘工作，但是公司吸引人才的条件没有改善，我逐渐失去了信心，最后离开了公司。这3个月的工作经历给了我极大的教训。

现在回想起来,我一直用着低效的招聘方式来招人。那些优秀的销售员不是在跑客户的路上,就是在公司会议室享受着被表彰,他们都是被企业争抢的人才,怎么会有时间去赶现场招聘会和投递简历呢,即使他们想要换工作,手上也肯定有几个待挑选的工作机会了。当然,并不是说主动投递简历的候选人都不是人才,但概率太低,企业只能碰运气而已。

我认为,大部分企业还停留在等人上门方式的原因有以下几个方面。

1. 等人上门易,主动找人累

等人上门是轻松容易的,每天坐在办公室吹着空调,喝着茶水,只要搜搜简历、打打电话、聊聊求职意向就可以了。而主动找人需要走出去,必须知道人才在哪里,不断地接触人才,风吹日晒,到处奔波,是比较辛苦的方式。

2. 等人上门快,主动找人慢

企业往往有岗位空缺时才紧急招聘,要快速找到人。等人上门的方式毕竟可以快速吸引到有工作意向的人来面试。而优秀的真人才不会主动找工作,当找到他的时候,他却没有换工作的意愿,不能及时满足企业紧急填补岗位空缺的要求。大部分招聘人员习惯做紧急而不是重要的事,所以企业永远都是紧急招人,很难用"慢工出细活"的方式找到真人才。

3. 等人上门被需要,主动找人是求人

等人上门是求职者需要企业,招聘人员习惯了被需要的感觉。而主动找人是求贤若渴,需要放下所谓的"面子",接受被人才拒绝的心态，而部分招聘人员要维护"自我尊严"，防止被人才拒绝，"自受其辱"，这也是很多企业招聘人员不愿主动找人的原因。

历史规律：一个县的人才也能组成建国团队

一个国家的建国人才班底怎样组成的呢？看看以下的事例。

沛县：刘邦建立汉朝的班底基本来源于老家沛县，西汉建国十大功臣中，萧何、曹参、樊哙、周勃、夏侯婴均出自沛县。

凤阳县：朱元璋建立明朝的功臣中，李善长、常遇春及包括淮西24将中的徐达、郑遇春、汤和等，大部分出自朱元璋的老家凤阳县及周边。

法国艺术家奥古斯特·罗丹说："生活中不是没有美，而是缺少发现美的眼睛。"这句话同样适用于找人，"世界上不是没有人才，而是缺少发现人才的眼睛"。很多企业也在说，自己也主动找了，还是找不到人，因为外部没有合适的人，说这句话的大部分人是在主动找人上投入不够，自找借口。

《2023年全国教育事业发展统计公报》显示，2023年我国接受高等教育的人口达到2.4亿。唐代著名学者韩愈在《马说》一文提道："世有伯乐，然后有千里马。千里马常有，而伯乐不常有。"企业不是找不到人，而是没有用心去找，花的时间不够。

四　90%的时间主动找人

华为西欧地区原总裁彭博曾撰写一篇题为《找人，找最懂本地业务的人，找最优秀的人》的文章，此文由任正非签发，以总裁办〔2016〕072号电子邮件的方式发送给华为全体员工学习。在这篇文章中，彭博指出建设团队和组织是主管的第一职责，主管要找人，而不是招人。最优秀的人肯定不是靠流程招来的，都是要靠"伯乐"去找来的。

连华为这样的领先企业都在强调主动找人，其他企业若还停留在等人上门的招聘方式上，能找到人才吗？等人上门方式在人才充裕、工作机会少的时代也许还有作用，但在现在人才充分流动的时代，在没有鱼的河中捞鱼，在没有真人才的群体中找真人才，无疑是自欺欺人。过去是人找企业，现在是企业找人。大海里能捞到针吗？一些企业还在日复一日地重复着这些低效的动作。

生产经理待在办公室能搞好生产交付吗？

营销经理待在办公室能找到客户吗？

采购经理待在办公室能考察到供应商吗？

同样，招聘经理待在办公室能找到人才吗？能等到人才上门吗？人才在哪里，哪里就是招聘经理的办公室，同样CEO和直线经理作为找人官，也不能在办公室完成找人工作。

①去竞争对手公司旁办公。

②去人才出差的地方面试。

③去人才聚集的地方做宣传。

④去人才工作的地方找人。

⑤把办公室放在酒店、茶社、餐厅等便于与人才沟通的地方。

最好的销售人才在哪里？不在招聘会上，也不在招聘网站上，他们在投标现场，在产品展会上，在他们服务客户的满意评价名单中。

普通找人官花90%的时间在真人才比例只有10%的等人上门方式上。

卓越找人官花90%的时间在能找到真人才占比90%的主动找人方式上。

普通找人官花90%的时间等人上门，花10%的时间主动找人；而卓越的找人官花90%的时间主动找人，只花10%的时间在被动招聘上，防止漏掉真人才。等人上门与主动找到真人才的时间投入成效比较如图3-1所示。

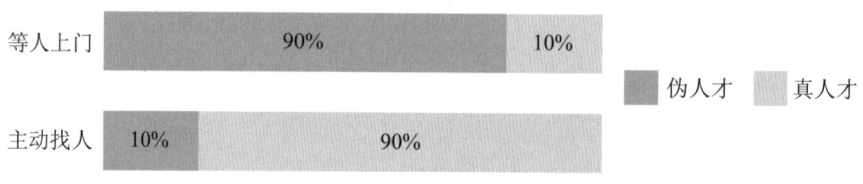

图 3-1　等人上门与主动找到真人才的时间投入成效比较

假设卓越找人官和普通找人官的识人精准度都是100%。

卓越找人官找到的真人才 = 主动找人式的真人才占比 × 识人精准度 × 在主动找人上的时间投入 + 等人上门式的真人才占比 × 识人精准度 × 在等人上门上的时间投入 =90% × 100% ×

90%+10%×100%×10%=82%

普通找人官找到的真人才 = 主动找人式的真人才占比 × 识人精准度 × 在主动找人上的时间投入 + 等人上门式的真人才占比 × 识人精准度 × 在等人上门上的时间投入 =90%×100%×10%+10%×100%×90%=18%

可以看出，卓越找人官把时间花在真人才占比高的主动找人方式上，很容易找到82%的真人才；而普通找人官把时间花在真人才占比低的等人上门方式上，只能找到18%的真人才。

从被动招人到主动找人，说起来容易，做起来极难。我曾辅导一家企业，开拓了新业务，需要招聘大量人才，我的目的就是帮助高管团队找到优秀真人才。

某一周开会时我问："本周主动见了几个人？吃了几次饭？"

一名高管说道："我找到一位候选人，现在被外派到苏州了，他最近比较忙，没时间回南京，约了几次见面都没约到。"

我继续问："南京到苏州坐高铁多长时间？"

高管答道："1个多小时，还是比较方便的。"

我继续问："如果要快速见到人才，你还可以做什么？"

高管答道："我应该坐高铁去苏州，到他公司附近再约见面，这样我当天就可以往返。"

另一名高管提到本周的找人工作进展："我也持续跟踪一名人才，不过，最近一段时间他在医院照顾他生病的妈妈，我也不想老是打扰他。"

我问："确实是不方便约见面，还有其他的办法吗？"

高管答道："去医院？这能行吗？"

我继续问："你还能帮他做什么吗？"

高管答道:"我想到了,我们公司的李教授正好是这方面的医疗专家,我应该先去医院看看这名人才和他妈妈,关怀一下,再看能提供哪些帮助。"

要打破思维束缚,突破舒适圈,知易行难。经过一个月的找人能力辅导,该企业高管团队慢慢适应和掌握了主动找人的方法,每周不断总结和精进,相互分享和督促,找到了几名优秀真人才,快速打开了新业务市场。现在高管团队把主动找人变成了团队习惯,每月会自问"本月见了哪几个真人才",年底述职的首要问题是"今年我找进了哪几名真人才"。

等人上门,门可罗雀,要把时间花在难而正确并有成效的事情上,主动找人,门庭若市。

五 用"扫描仪"先找到身边的 10 名真人才

勘探工程师用金属探测器来寻找金矿，找人官也需要用找人扫描仪来找到真人才。

当父母为孩子的婚姻大事着急的时候，往往请周边熟人帮忙介绍相亲对象，而不会先去婚恋网站寻找，这是中国传统习俗，也是效率最高的方式。企业找人却舍近求远，先去求职网站去找陌生人才，殊不知，守着金矿却到处去挖煤，"众里寻他千百度，蓦然回首，那人却在，灯火阑珊处"。

企业要用"找人扫描仪"，根据用人需求定位目标人才群体，先近后远，由近及远，从周边的强关系入手，再延伸到弱关系，扫描目标人才，再延伸到更多的目标人才群体。

"找人扫描仪"最关键的 3 个步骤如下。

① 我身边谁是最好的真人才？一一扫描列出名单。

② 我身边谁认识最好的真人才？一一扫描列出名单。

③ 我如何深度链接这些真人才？一一写下具体动作。

打开你的手机或微信通讯录，从字母 A 到 Z，列出符合步骤①和②的 10 名真人才。先不要考虑这些真人才是否有跳槽的可能，接下来思考如何做才能深度链接这些真人才，可以是打电话、约吃饭、上门拜访等动作，创造深入交流的机会，大胆说出你的想法，描述你的事业雄心，展示渴求人才的诚意。在这个过程中，你一定会遇到被无情拒绝的情况，接下来你需要请拒绝你的真人才再介绍她/他身边的真人才，大部分人都不会拒绝。如果每人介绍3个人，于是你的真人才名单就会增加到30人，30人平均每人再推荐3个人，你的真人才名单就会增加到90人，如此循环介绍，像滚雪球一样，你就会得到足够多的真人才名单。在这期间，你只需要付出足够多的真诚和时间。"找人扫描仪"如图3-2所示。

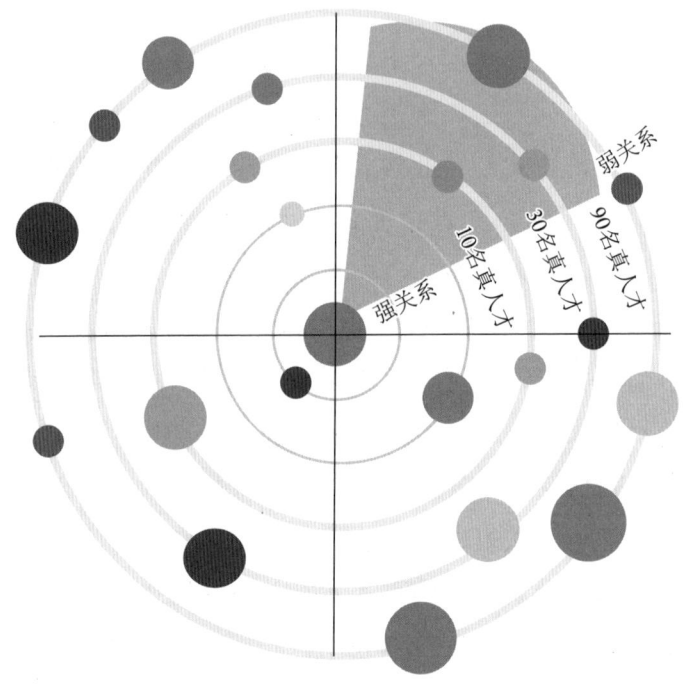

图3-2 "找人扫描仪"

我在一家生物科技公司做长期顾问，创始人计划推动公司上市，需要找到一名董秘，创始人、首席人才官和我组成了一个董秘寻找小组，启动"找人扫描仪"。

1. 我身边谁是最好的候选人

我们分别从身边人入手，从商学院同学、前同事、商会会员、老乡中找到了10名董秘人选，一一做了分析和记录。

2. 我身边谁认识最好的候选人

我们也列出了熟悉的上市公司名单，通过各种渠道和这些企业内部的员工建立了联系，获取了6名董秘人选名单。同时，请券商、会计师事务所、律师事务所、上市公司协会等能接触到董秘人群的中间人推荐，得到了11名董秘人选。

3. 我如何深度链接这些真人才

通过"人才扫描仪"的关键2步，15天的时间我们获得了27位高质量的董秘人选，接下来一一约喝茶或吃饭，做深度沟通和交流。通过2个月的时间，我们一一沟通和评估，将董秘人选范围缩小到了5名，最后选择了1位年富力强的优秀董秘人选。他入职后，在帮助公司上市过程中发挥了巨大的作用。

卓越的CEO都是"人才扫描仪"的使用高手。字节跳动创始人张一鸣讲述他早期是如何找真人才的："我参加同学的婚宴也好，参加行业的会议也好，还是去听讲座也好，都会向别人问有没有好的人才推荐。我每年要见200个优秀人才。"其实你只需要向周边的人多问一句"我正在招聘优秀真人才，你有没有好的人才推荐"，就可能找到其他人费尽千辛万苦才能联系到的人才。

史蒂夫·乔布斯最善于利用"人才扫描仪"这一方法搜寻人才。

史蒂夫·乔布斯要打造世界上最好的零售店，必须找到最顶尖的零售人才,他在2001年开设苹果专卖店时接受《财富》杂志的采访,提道:"这或许不是一件容易的事,但如果能够找到顶尖高手,对我们而言就轻而易举了。因此,接下来我开始打听当时最优秀的零售经理是谁,许多人向我推荐米拉德·德雷克斯勒,他当时正负责经营美国品牌时装Gap。"

1999年,史蒂夫·乔布斯从服装零售商Gap挖来时任总裁米拉德·德雷克斯勒,让其加盟苹果公司董事会,并对苹果的零售战略提供建议。在后者的引荐下,苹果又聘用了时任Target高管的罗恩·约翰逊,担任苹果公司零售运营高级副总裁,负责公司的零售业务。

史蒂夫·乔布斯找对了米拉德·德雷克斯勒和罗恩·约翰逊两位顶尖零售高手,苹果公司才打造了最赚钱的零售店。他在2007年曾这样评价罗恩:"我已经想不起来没有专卖店时的苹果公司是什么样子了,感谢罗恩。"

由近及远地扫描人才,从身边入手寻找人才,还要扩大人才寻找范围,不能局限于身边人才,要放开眼界,除非你身边有足够多的人才。

六　把猎头费的三分之一给内部员工

判断一家公司找人能力强不强，不是看招聘人员的专业能力强不强，而是看内部员工推荐人才的数量和质量。

让员工推荐人才的"两高一低"的好处如下。

① 员工更了解企业用人要求，推荐的人才质量高，成功率高。

② 员工推荐熟悉的人才，信任度高，留存率高。

③ 员工推荐人才前，基本对人才做过筛选，节省大量的精力和人力，成本低。

卓越的企业，50% 的新人来源于内部员工推荐。谷歌每年收到 100 万到 300 万份应聘简历，而只有大约 0.25% 的应聘者能够被录用。被录用的 0.25% 的应聘者中，大概 50% 来源于内部员工推荐，另外 50% 来源于内部人才搜索公司主动找到的人才。

以下是谷歌在员工内部推荐的做法。

① 建立招聘机器的第一步就是将所有的员工都变成招聘人员，推荐应聘者。

② 超过一半的员工来源于内部人才推荐。

③ 招聘官负责管理招聘流程，但物色人才人人有责。如果完全依赖招聘官，人才招聘就会受到局限。

④ 把招募人才纳入每个员工的职责并进行评估，统计每个人举荐的人数和带来参加面试的应聘者人数，评估员工填写面试反

馈表的效率，记录员工参与招聘活动的频率，然后在评估业绩和提拔员工时将这些数据作为参考。

⑤每20个被推荐人才中有1人会被成功聘用（5%的比例已经高于其他招聘渠道）。

员工推荐不仅对于大企业有效，人数超过30人的小企业也可以使内部员工推荐的人才占招聘总量的50%。

假如企业有30名员工，就相当于增加了30名兼职人才推荐顾问。

假如企业有100名员工，就相当于增加了100名兼职人才推荐顾问。

假如企业有500名员工，就相当于增加了500名兼职人才推荐顾问。

假如企业有1000名员工，就相当于增加了1000名兼职人才推荐顾问。

如果你有1000名员工帮你找人，意味着会打开1000倍的人才搜索空间，找人难题就迎刃而解了。员工只需要关注身边谁是最合适的人选就可以了，而企业要做的只是激发员工推荐人才的积极性。

不少企业每年在猎头费上花费巨大，如果把猎头费的三分之一给内部员工，作为人才推荐奖励，企业会取得意想不到的效果。当然员工推荐人才的前提是热爱这家企业，如果员工都想着换工作，那么无论给多少推荐费用，员工也不会推荐人才。另外，要想让员工主动推荐人才，绝对不是发一纸内部推荐通知或制度就可以起作用的，企业要把内部员工推荐工作当成一项战略项目精心运营起来。

七　既要用成名人才，也要找到隐名人才

人才可以分为成名人才和隐名人才。成名人才是指依靠自己过去的成功，被行业或专业领域认可，带着权威性或高知名度光环的人才。隐名人才是指深耕某领域，有很强的实力，但并没有知名度的人才。

2023年最热播的电视剧非《狂飙》莫属，据网上资料介绍，主演张译的片酬在2000万元~3000万元之间，作为男二号的张颂文的片酬在200万元~500万元之间，而演完《狂飙》电视剧后，张颂文的片酬直接上涨到1000万元以上。出演《狂飙》电视剧时，张译和张颂文的片酬有着一定的差距，因为张译是成名演员，张颂文在演《狂飙》前是未成名演员。张颂文演了《狂飙》之后，已经从隐性演员（未成名演员）变成了成名演员。

汤姆·克鲁斯凭借超1亿美元的片酬，登顶好莱坞最贵片酬明星，但汤姆·克鲁斯在1981年出演《熄灯号》的片酬只有5万美元。1983年，格芬电影公司和华纳兄弟电影集团仅以7.5万美元就签下了汤姆·克鲁斯，后者出演了《乖仔也疯狂》这部电影，并在美国取得了6500万美元的票房。汤姆·克鲁斯出名之后，片酬一路飞涨。

（一）企业用成名人才的好处

1. 风险小，有保障

成名人才成功过，一路摸爬滚打，积累了丰富的行业或专业经验，不需要质疑他的成功，因此，用成名人才有保障，风险小。

2. 能够引进成名人才附带的资源

成名人才会附带很多的优质资源，企业引进成名人才，不仅用他的能力，还有资源。比如，一名明星科学家加入企业，就会把积累的科研资源、人脉资源、关系资源、供应链资源都带过来，企业通过招聘人才引进更多的资源，打开自己的能力边界，成为赢家。

3. 能够提升企业的名气

一家不知名的企业，花大手笔引进了一名成名人才，这家企业也会成名。大众往往是因为一名成名人才而认识一家企业的。有时候，一家上市企业会因为引进了一位成名人才而股价上涨。

（二）用成名人才的挑战

1. 成本高，吸引难度大

成名人才事业选择空间大，机会多，是各个企业争抢的对象。另外，成名人才待遇期望很高，期权股权变成了基础条件，薪酬低不好商谈；除此之外，还有头衔、衣食住行、家庭、自主空间等要求。很多中小企业吸引成名人才加入的难度非常大，企业的利润还不够支付对方薪酬。

2. 动力减弱

成名人才在未成名以前，珍惜每个机会，刻苦奋斗，不计得失；一旦成名了，考虑事业机会就会有更多的诉求，很难像未成名之前一样，对每一份工作都投入热情。但是对于企业来讲，是想用成名人才成名之前而不是成名之后的状态，所以就会产生矛盾。同时，成名人才有太多的其他选择机会，容易被其他企业的机会诱惑，定力不足。

3. 创新衰退

成名人才是因为过去的成功而出名的，不代表未来仍然持续成功。成名人才过去的经验不能预测未来的成功，过去的成功是在过去时代、环境、条件下的产物，有主观必然因素，也有偶然因素，甚至分不清哪个因素更重要，有可复制性，也有局限性。对于成名人才，他们经常说的是"以前我们是怎么做的，当时是什么情况"，所以，有些成名人才只能沉浸在对原来成功的怀念中，那可能是他一生中最辉煌的时刻。成名人才如果不能拥抱变化，适应新环境的变化，过去的成功经验就很难有发挥的空间，也可能是未来成功的障碍，这种成功不一定能移植到未来，导致创新不足。

导演选演员和企业选人才有很多共同之处。企业用成名人才是有必要的，就像导演要用成名演员来保证票房一样，但很多企业如果只热衷用成名人才，那就会失去隐名人才带来的机会和益处。

（三）成名人才的风险点就是隐名人才的优势

1. 吸引成本和难度低

因为隐名人才还没成名，没有"光环"的溢价，因此，企业只需要花少部分薪酬就能雇用和成名人才同等能力的隐名人才。

2. 动力和意愿强

隐名人才机会少，得到机会一定会全力以赴，意愿强烈，企业只需要给一个挑战性的机会就会激发隐名人才的全部热情。

3. 忠诚度高

隐名人才会因成为成名人才的机会而感激企业，忠诚度高。就像挖掘出很多成名演员的导演一样，成名后的大部分演员会优先选择和挖掘自己的导演合作。

4. 创新多

隐名人才不会高估自己的能力，不会受过去经验的束缚，在有限的资源条件下，会想尽各种办法来创新，实现目标。

人才一般经过三个阶段，分别是隐名人才、成名人才和过气人才。隐名人才的实际能力大于薪酬所得，而成名人才获得的收益会慢慢大于实际创造的价值。隐名人才和成名人才的实际能力相差不大，但是"光环"和名气带来的薪酬有数倍差异。任何成名人才都需要经历名气从无到有的过程，而在这个过程中，薪酬增加的幅度大于个人能力提升的速度，如果企业能在隐名人才成名前找到他，就可以花更少的薪酬吸引和成名人才实际能力一样的隐名人才。

当然，企业用隐名人才也要冒风险，尤其在隐名人才成为成名人才的早期，企业需要付出培养人才的成本，给予其试错的机会。

（四）找到隐名人才需要突破常规的招聘做法

1. 重资历更重潜力

学历、经验、专业这些显性资历类的标准能体现一个人的重要特质，但选人唯资历论的话，就会遗漏一些优秀的隐名人才。谷歌早期的招人标准是：成绩平均分（GPA）在3.7以上，读过斯坦福大学、加州理工学院、麻省理工学院或常春藤盟校，拥有博士头衔等，但后来谷歌发现，其中有些所谓天才发挥的作用并未达到预期。更严重的是，内部人员还担心自己可能拒绝了一大批才华横溢的应聘者，这些人的实际能力超越了学术水平。于是谷歌调整并重新制定了招聘标准——"放宽眼界"，即学术成绩不能成为衡量应聘者的唯一标准。谷歌招聘主管卡莱尔认为，自己的任务就是"寻找我们通常会忽视的人"，2007年，人力运营部主管拉斯洛·博克夸口道："上个星期，我们聘用了6名GPA低于3.0的员工。"

经验和资历代表过去，潜力才是致力于未来的能力，它是强烈的愿望、持续奋斗的精神、适应新环境的进化能力。

2. 主动探寻而非被动选择

隐名人才没有光鲜的经历，简历在招聘第一关就被排除在外了。隐名人才也不太会主动投递一些过高标准的工作机会。谷歌创始人拉里·佩奇曾说："我们真的会主动出击，招聘略有不同的人。"因此，企业要找到更多的隐名人才，就不能靠被动地收取简历，而是要主动出击。

《最佳猎头的秘密》一书中披露了Facebook如何挖掘出默默无闻的隐名人才。2006年末，Facebook遇到了一个瓶颈：注册新用户的增长速度远超预期，Facebook 并没有做好处理客户快速增长的准备，工程师严重不足。但 Facebook 当时还是小公司，雇主品牌不强，吸引人才的资金预算也很吃紧，招聘需求又很迫切，如果要挖微软等大公司的工程师，即成名人才，不仅仅要提供高出当时实际水平的股权和薪酬，也很难在短时间内挖到足够数量的工程师。于是 Facebook 首席技术官亚当·迪安杰罗设计了一款拼图编程游戏，吸引了大量在普通科技工作岗位上但可能在编程方面隐藏了过人天赋的人才。截至 2011 年年初，该游戏吸引了 4 万多名成员，由此招聘到了 118 名工程师，大约占 Facebook 编程骨干数量的 20%，其中有高学历的，也有高中毕业的、大学辍学的人才，他们在原来的公司都不是表现最优秀的员工。

3. 看成功经验也看失败经验

成功经验很重要，但失败对于一个人的成长更重要。有一位 CEO 在面试人才时，经常问的一个问题是"你经历过哪些失败"。他的理由是，没有经历过失败的人，自己是不敢用的。没有经历过失败，要么是凭借运气成功，要么是从来不会挑战困难。我想这是有道理的，"天将降大任于斯人也，必先苦其心志，劳其筋骨……""自古雄才多磨难，从来纨绔少伟男。"人才成名之前大多经历艰难困苦，受过委屈挫折，不经磨难，难成大才。

张颂文，13 岁失去母亲，25 岁开始学表演，40 多岁还买不起房，只能住出租屋，北漂 20 年被 800 多个剧组拒绝，先后从事过印刷厂工人、饮料销售员、空调安装工、酒店服务员、饭店经理、导游等工作，最难的时候，他连房租都付不起，为了吃饭只能到菜市场捡菜叶。但在这个过程中，张颂文始终保持乐观积极的生活态度，持续打磨自己的演技，这样的人，失败是暂时的，成功才是必然的。

当然，看重失败不是看重无意义的失败，比如粗枝大叶、低标准、容易放弃等导致的失败。

从 1901 年到 2022 年，诺贝尔奖共授予了 954 人和 27 个组织，而其中两次获得诺贝尔奖的只有 5 位科学家，占比只有约 0.5%。成名人才再次成功的概率在降低。

企业不要只热衷用成名人才，找到隐名人才才是性价比高的用人方式，如果企业在隐名人才成名之前找到该人才，那么就是企业的幸运，尤其对中小企业来说更是如此。

隐名人才如同隐士，需要企业主动出击，遍访山川，方得人才。

本章关键发现

1. 清水中找不到鱼，在激流湍急的河流中才有大鱼。
2. 世界上不是没有人才，而是缺少发现人才的眼睛。
3. 等人上门，门可罗雀；主动找人，门庭若市。
4. 普通找人官等人上门，卓越找人官主动找人。
5. 勘探工程师用金属探测器来寻找金矿，找人官也需要"找人扫描仪"找到真人才。
6. 判断一家公司找人能力强不强，不是看招聘人员的专业能力，而是看内部员工推荐人才的数量和质量。
7. 找到隐名人才是高性价比的用人方式。

第四章
找对人：学会看硬行为

"一个成功的招聘决策，比一个成功的销售决策更为重要。"

——彼得·德鲁克

一　面试是"互相说谎"的游戏

在面试中人们经常遇到这种情况：面试者极力推销自己，面试官大力宣传公司，双方相谈甚欢。

面试者A：面试一开始，面试者就介绍自己的辉煌经历，大篇幅讲述自己的优势和特别之处，如非常勤奋、好学和敬业，甚至会讲到自己过去在某个公司英明神武的故事，大有"我这次就是来拯救你们公司的"气势。

在问到缺点时，他往往很"真诚"地说——

"我最大的不足就是做事太细心了。"

"可能过去做事太追求完美了。"

"我这个人喜欢专注做事，不会搞关系。"

"出于职业发展考虑，看看有没有更好的工作机会，目前公司还在挽留自己。"

"自己最关注的就是学习和发展机会，愿意和公司一起成长，不想老跳槽。"

面试官B：面试官开始变成公司的广告宣传员。

例如公司多么具有实力，虽然现在不是世界500强，但未来很快会成为独角兽企业、行业头部企业、世界500强等。

未来的发展多么令人激动，老板又是一个很有雄心壮志的人，公司做的事情非常有意义。

甚至带着乔布斯"你是想卖一辈子糖水，还是想跟我一起去改变世界"的口吻，说服面试者加入公司，仿佛公司就是下一个"苹果"。

并表示，公司最看重脚踏实地、不重短期利益、看重长远发展的候选人。

面试结束之后，面试者 A 试图通过朋友了解这家公司的真实情况，最关心"到底能给多少钱"。面试官 B 在思考：如果这位候选人入职，能不能在公司待得住，最低能接受多少工资？

面试者入职后发现公司不是之前宣传的样子，比如之前面试官说的"加班不多"原来是一周加班五天。入职后身边不断有员工离开，自己刚跳出一个"坑"，又进入另一个"坑"。面试官也发现，怎么 A 不像面试时表现得那么优秀，什么事都做不好。最后双方由满心欢喜变成了一拍两散。

面试说谎的真相

以上描述虽有些夸张成分，但却是经常上演的面试场景。人才评估专家费洛迪把这种常规性的面试看作"两个说谎者之间的对话"。求职简历汇集了一个人所有的优点，却回避掉了所有缺点。同样，公司的招聘广告不遗余力地夸大公司优势，也刻意隐瞒了一些工作隐患。

有研究表明：有 81% 的面试者在面试时会撒谎，面试过程中平均每15分钟撒2.19个谎。澳大利亚招聘网站SEEK的最新调查显示：整体受访者表示，当面试时被问到"为什么你要找新工作"时，他们会经常说谎，约20%的人认为答案不尽真实也无伤大雅。澳大利亚职业发展协会全国总干事菲列莎表示："我们经常捏造离职原因，因为不想直接说前任上司的坏话。"另外，18%的男性及12%的女性会选择谎报上一份工作的薪酬。而关于面试官说谎的调查研究较少，我发现不少面试官在回答以下问题时往往会掩饰，含糊不清，闪烁其词。

① 你们公司加班多吗？面试官："这个根据工作量和你的工作效率而定，有时候需要加班。"

② 你们公司有培训机会吗？面试官："每年我们都会有外部培训机会，只要你表现好。"

③ 你们公司发展机会多吗？面试官："我们每年有两次晋升机会，还是比较多的。"

费洛迪认为，他们说谎的原因是：人们有一种本能的倾向，即总认为自己比现实中的表现更优秀。我们中的大部分人丝毫没有意识到自己有这方面的倾向，自然也就容易夸大优点，弱化缺点。

高估自己的心理倾向只是面试中说谎的一方面原因，一般不是刻意表现，是无意识的。除此之外，我认为还有其他的一些刻意原因。

1. 面试是双方互相考察的特殊场景

候选人想要这份工作，必须展示自己的能力，面试官要招进一名员工，必须要吸引候选人，如果一开始不能留下好印象，后续就没有机会了。这种场景会让双方刻意地只展现优势，夸大优点，规避不足，弱化缺点，甚至故意说谎。

2.夸大优势为面试后讨价还价埋下伏笔

卓越的能力才能要求高薪酬,所以面试过程中,面试者会故意夸大能力,为后续谈高薪做铺垫。而面试官认为,公司越优秀,越有利于和面试者讨价还价,彼此都埋下了伏笔。

3.双方都不知道对方的要求

很多情况下,面试官不清楚找人标准和要求。假如你问面试官想招聘一个什么样的销售人员,不同的面试官答案不同:"要机灵一些的""要善于表达和沟通""学习能力要强""要能吃苦""要诚实""要有经验的""要形象好的""要勤快一些的""要有客户意识的"……

而有些面试者也不清楚自己想找什么样的工作,适合什么样的工作。

双方都不知道对方到底要什么的时候,只会说自己认为好的方面,不说不足之处。

面试中双方互相掩饰信息、说谎会带来坏结果。夸大优势会抬高彼此的期待,产生虚假"光环"。一旦进入真实工作场景,稍微有点差距,就会让期望变成失望,互相质疑。

不要仅凭一场面试就做出决策

面试是一种特殊场景中的交流，然而，常规面试大部分都是无效的。

早在1963年，行为科学家马文·邓尼特和伯纳德·巴斯就写道："面试仍然是挑选员工时最常用的方法，尽管它成本高、效率低，而且大多数时候还没用。"

BitTorrent创始人布拉姆·科恩说："在面试中，你可以判断对方是否可爱、是否健谈，你可以问一些技术问题来剔除真正的外行人，但除此之外，你所做的跟扔骰子差不多。"

而谷歌的前CHO拉斯洛·博克更是提道："面试在绩效预测上糟糕透顶，最多的评价是'是否有礼貌、沟通是否愉快'。"

他在《重新定义团队》一书中论述了人才测评工具的效果。

1998年弗兰克·施密特和约翰·亨特发表了一篇综合分析文章，总结了85年来关于评估预测人才表现方面的研究成果。他们对19种测评工具进行了研究，发现以下几点。

①预测应聘者未来工作中表现的最佳方式是工作样本测试（占29%）。在这种面试方法中，应聘者被给予一些样本工作，这些工作与他们入职后的工作类似，而面试官需要观察他们在从事这些工作时的表现。

②预测工作表现有效性第二位的是一般认知能力测试（占26%）。与常见的面试题目不同，这些测试答案有着明确的对错，与普通智商测试类似。一般认知能力测试能衡量应聘者的学习能力。而如果同时具备良好的智力和学习能力，那么大部分人在绝大多数工作中都能取得成功。

③与一般认知能力测试并列的是结构化面试（占26%）。在这种面试方法中，应聘者将被问到一系列预先准备好的问题，而对问题的回答有着明确的评价标准。结构化面试又分为两种：基于过往的行为和基于假设的场景。

④非结构化面试只能预测员工未来表现的14%。

⑤对他人推荐进行背景调查（占7%）。

⑥参考工作年限数据（占3%）。

⑦"笔迹学"和笔迹分析（占0.04%）。

从上述工具测评可以看出，非结构化面试只能预测员工未来表现的14%，还不如掷硬币的概率高。

科学的结构化面试有一定的效度，但找人官必须经过系统训战和经验累加才能掌握，即使是面试流程最为科学和管理者面试能力最强的谷歌，也认为科学的结构化面试太难开发了：要设计，测试，然后还得保证找人官会照着"剧本"来，接着还要不断地更新，这样候选人才不会作弊。

面试本身说谎的成分高，科学结构化方法又很难掌握，因此，不能仅凭一场面试就做出人才决策。

有人问杰克·韦尔奇："在招聘时，您是如何进行面试的？"杰克·韦尔奇说："永远不要完全依赖一次面试！不管你的时间有多紧迫，或者不管某个应聘者的表现有多么积极，你都应该多安排几名公司的人与每位候选人进行多次接触。"

我们的研究表明：企业采用3种以上的混合评估方式的精准率比单纯用面试至少高出30%，同时至少减少50%的错选人才。

学校录用申请的学生，不仅仅看成绩，还会请学生入校1天，在1天的时间内设置上课、做实验、个人展示等环节来立体细致地观察学生。

球探不仅仅看球员的比赛成绩，还会看过去的训练和比赛录像。

而乐团在面试人选的时候，会在隔离帘子后面听候选人演奏乐器。

企业评估人才也是如此，除了面试，还可以借助更多的评估方式，以下是几种常见的低成本方式。

1. 吃饭或喝咖啡

和候选人吃饭或喝咖啡，既可以拉近和对方的关系，营造重视人才和轻松交流的氛围，也可以了解候选人更多的行为信息。硅谷的高科技公司，像亚马逊、苹果、Facebook和谷歌经常安排午餐面试，虽然招聘人员表面会说午餐不是面试的一部分，但实际上午餐就是面试的一部分。

2. 工作抽样

工作抽样指的是根据岗位的工作职责和要求，让候选人操作实际工作内容，以考察候选人的真实工作能力。谷歌面试最重要的环节就是工作抽样，工程师要写代码，设计师要设计作品，公关员要写新闻稿，翻译员要翻译文字。工作抽样是效度比较高的评估方式，对于工作内容比较固定的岗位是比较合适的方式，能考察候选人的真才实学，而不是口头上的"我可以"。

3. 专题分享

专题分享是指在条件允许的情况下，请候选人为公司部分人员做专题分享或培训，借此评估候选人的投入程度、工作计划能力、专业能力和沟通能力。当然企业不能把这种方式当成剽窃候选人成果的手段。

4. 人才测评

人才测评是评估人才的重要方式，例如性格测试、智力测试、认知能力测试等。一些企业还不习惯使用人才测评工具，我认为有以下两方面的原因。

一是人才测评若和候选人实际情况有差异，企业就会怀疑测评工具"不靠谱"。评估人才要选择效度高的测评工具，但是测评结果也受候选人主观认知、评估场景和评估时间等因素影响，不能出现不一致就因噎废食，不用测评工具。当然，测评结果是评估人才的重要参考依据，不能单纯依赖测评工具。

二是效度高的测评工具需要投入成本，便宜的几十元，贵的上千元，很多企业为了节省费用而不用测评工具。实际上招错一个人的损失至少是其年薪的15倍，《经济学人》杂志称："当今商界唯一重要的问题——招聘失败！招错人使企业平均每年损失150多万美元和无数宝贵时间。"与招错人的巨大成本相比，测评工具的费用少之又少。

5. 工作试用

如果正式雇用了一个伪人才，企业再让其离开，无论对企业还是个人，成本都是巨大的，而对于有些工作，工作试用是能够

> 人才复利——CEO 先是1号找人官

最大限度使人才和岗位匹配的最佳方式。

人工智能实验室 OpenAI 首席执行官、被媒体称为"ChatGPT 之父"的萨姆·奥尔特曼认为,聘前试用是人才招聘中最重要的一条建议:"一般而言,仅仅通过面试很难去想象与该候选人共事的感觉如何。因此,在条件允许的前提下,可以让候选人在正式被聘用前先进入企业工作一两天,工资按合同工标准来支付,时间可以是晚上或周末。这样一来,你就能更好地了解候选人的工作能力,而候选人也能加深对企业的了解。"

三 不要一见钟情，而要理性权衡

普林斯顿大学的心理学家珍妮·威利斯和亚历山大·托多罗夫研究发现，人只需要1/10秒的时间就会对他人产生第一印象，然后根据第一印象做出匹配的行为，并且第一印象比人们想象的更加牢固和强烈。

珍妮·威利斯和亚历山大·托多罗夫在实验中向参与者展示陌生人的照片，让他们根据吸引力、亲和力、能力、可信度和攻击性这5个指标给出对这些陌生人的第一印象，并记录在展示照片1/10秒、1/2秒、1秒时和没有时间限制下的第一印象差异。该研究结果显示，无论看照片时间有多久，参与者产生第一印象的时间几乎都是1/10秒。延长时间并没有对第一印象的判断造成影响，反而时间越长，越会强化第一印象。加利福尼亚大学洛杉矶分校"研究人们如何感知声音"的研究员乔迪·克雷曼也有类似的发现，不到一秒钟，也就是说"你好"的时间，人们就会对一个人的印象迅速做出判断。

从大脑的生物进化角度看，人的大脑包含边缘系统和前额叶皮层两块区域。前者驱动感性、直觉、情绪、感知等，它成熟得早，更容易被触发；后者驱动理性、逻辑、分析、判断等，它成熟得晚，不太容易被触发。这样的生理特点决定了人的大脑更容易先被所谓的知觉、感觉、直觉影响和支配。纽约大学心理学家

▶ 人才复利——CEO先是1号找人官

发现，当人们第一次见到某个人时，大脑中的杏仁体和前扣带回皮层会变得活跃，其中杏仁体与情感认知密切相关，而前扣带回皮层活跃能使人迅速做出决定。

人们容易做1/10秒内对他人快速产生第一印象，根据第一印象对人和事物快速分类和定义，并且第一印象很难改变，因为人们趋向于化繁为简，自动逃避复杂的分析与思考，以便节省精力，防止大脑超负荷运转。

第一印象原理在人才招聘和面试领域同样发挥着作用。有研究表明，一次面试的前10秒钟做出的判断会影响整个面试的结果。

谷歌前CHO拉斯洛·博克在《重新定义团队》一书中写道："托莱多大学的两位心理学学生特利西亚·普利克特和内哈·贾达姜与导师弗兰克·伯尼瑞合作，在2000年发表了一项研究成果，认为一次面试的前10秒钟做出的判断可以预测整个面试的结果。他们录下了多个真实的面试情境，之后请研究项目参与者观看其中的一些小片段，依次做出论断：片段是从每一次面试中截取的，从应聘者敲门开始，到坐下之后10秒钟停止，视频片段会展示给经验很浅的观察者看。观察者从受聘价值、竞争力、智力、雄心、可信度、自信心、紧张程度、热情、礼貌、亲切度和表达能力等方面评分。通过片段做出的判断，11个变量中有9个与现实中面试官所做的最终评价有显著相似性。因此，通过握手或简短介绍得到的即时印象能够预测结构化招聘测试的结果。"

问题在于，根据前10秒钟的印象做出的预测是没有任何意

第四章 找对人：学会看硬行为

义的。这10秒钟的预测使人们在整个面试过程中都在试图证明对某个人的印象，而不是真正地去评估他们。心理学家将这种现象称作证实性偏见（Confirmation Bias），即人们倾向于寻找、解释或优先考虑那些能够支持自己观点或假设的信息。人们根据非常简短的交流，潜意识中匆匆地做出了判断，这种判断受到人们内在偏见和信念的巨大影响。在不经意间，人们已经从评估应聘者转而变成寻找证据证实自己的最初印象。

换言之，多数的面试都是在浪费时间，因为绝大多数的时间都用在证实面试官最初10秒钟的印象，不论好坏。

费洛迪在《合伙人》一书中提到一个有趣的研究。

希娜·艾扬格和雷蒙德·菲斯曼都是哥伦比亚大学的教授，他们研究了激情和逻辑在可谓最重要的人事抉择——和谁约会以及和谁结婚的问题上所起的作用。

有一天，在讨论了相亲的潜在好处之后，他们决定进行"速配"实验，来验证想法。参加者有几名男性和女性，每一个人轮流和不同的异性交流，这样每个人就能在短时间内（通常6分钟）和每个潜在伴侣进行面对面的交流；会面一结束，他们就写下还想再次见到的那个人的名字，有可能其中有成功配对的人。

但是艾扬格和菲斯曼还加了一个要求：参加者在活动前和活动后列出他们想要在对方身上看到的品质。从始至终（令人惊讶地），为了和自己最心仪的"速配"对象更匹配，被测试者会调整自己的择偶标准。一些人起初想要找个聪明真诚的伴侣，最后发现自己迷恋上了有魅力且幽默的人，并认定这样的伴侣才是他们一直以来寻找的。但是当研究者在6个月后再次询问他们的择偶标准时,每个人又给出了最初的标准。他们当时即兴的想法消退了。

这种情况在客户对我们推荐的候选人的初试中屡见不鲜。当某位聪明而出色的候选人(有些是靠其丰富的经验、专业知识和技术,但更多的是靠其非凡的人格魅力,甚至是漂亮的外表)令所有面试官都惊叹的时候,我们做的所有准备工作——分析需求、罗列候选人应具备的特质和期望其具有的特质都被抛到了脑后。即使引人注目的特质和工作并不相关,候选人还是会脱颖而出,击败其他所有人。而且往往初试时的那种"光环"会持续分散我们的注意力,从而不再对候选人进行深入询问,核查他是否符合胜任新工作所要求的全部条件。我们坠入了"爱河",然后"看到的即全部"的倾向就起作用了。我们编织了一个美丽的故事,并且巧妙地将自己的情感选择合理化。

2023年,我在一家大型集团公司做高管培训,现场问了50位高管一个问题:"和你一见钟情的初恋结婚并维持到现在的同学请举手。"现场一阵哄笑,有2位高管举手,并分享了他们的故事,这大约是4%的比例。我继续问道:"假如再给你一次机会,你还是会选择和初恋结婚的同学,请举手。"现场一阵唏嘘,大概有两三位高管举手,仍然不超过10%的比例,其他高管则把初恋故事视同一段人生经历。可见,一见钟情并不是决定爱情和婚姻的关键因素。

招聘专家卢·阿德勒总结了自己的面试经验:"在50%的

情况下，我在面试 30 分钟后对应聘者做出的结论，与面试 10 分钟后做出的结论完全不同。这需要花费很多时间去看透表面现象并了解应聘者的真实能力。"

刘半农是中国新文化运动先驱，是文学家、语言学家和教育家，他才华横溢，于 1920 写下了广为流传的诗作《教我如何不想她》。1934 年，刘半农出席一场音乐会，演唱会中有歌曲演奏《教我如何不想她》，他作为作者被主持人介绍，结果现场有个女学生悄悄地说："原来是这样一个老头儿。"当人们读到这首诗的时候，脑海中对作者的想象，大概率是风华正茂、英俊潇洒的美男子，而作者实际是"老头儿"模样。如果先见到作者，可能不少人就没兴趣去了解作者的作品了，这就是第一印象带来的偏见。

由上述的一系列研究，可以得出三点结论。

① 对人的判断基本是由不到 10 秒的接触形成的第一印象决定的。

② 随着接触的时间延长，人们会固守和强化第一印象，并不容易修改。

③ 第一印象很多时候是错误的。

依照这三点结论，如果面试官无法在面试中规避第一印象效应，就非常可怕，会带来严重的选人失误。因此，找对人必须刻意规避第一印象效应，不要一见钟情，而要理性权衡。

一家企业为了快速扩张，短期内需要招聘大量的销售人员。每天上午面试的销售人员多达 120 人，120 人坐在一个超大会议室里，面试官拿着候选人名单，询问每位候选人 1~2

个问题，给每人大概1~2分钟时间，然后快速做出判断。

我们认为这种凭第一印象做出面试决策的方式基本是无效的。为了证明判断，我们做了一个实证研究。请企业面试官在面试后把录取的20人标注出来，由3名外部资深面试顾问重新面试，并使用结构化面试、工作抽样、人才测评等组合的评估方式。专业面试官团队对20人中的10人做出了不符合录用标准的判断。

但判断不影响20人的正常录用，他们进入企业工作3个月，试用期快到时，把他们的真实工作业绩和能力与试用期转正的标准进行对比，发现12人达不到岗位标准，而其中9人正好是专业面试官团队标注的不予录用的人选。而企业面试官凭借第一印象做出的未录取的名单中，肯定也有符合岗位要求而被误判不合适的真人才。

如何规避第一印象效应？可以尝试以下的做法。

1. 使用不产生第一印象的评估方式

企业要规避第一印象和主观偏见，在人才评估的前序环节中，可以采用关注候选人作品、语音演讲、电话面试等方式，更理性公正地得出评估结论。

哈佛大学的克劳迪娅·戈尔丁和普林斯顿大学的塞西莉亚·劳斯撰写了《管弦乐器的公正性："盲演"对女性音乐家的影响》一文，揭示了盲选方式对交响乐团公正选拔人才的重要性。20世纪70年代，美国大型交响乐团中女性演奏者只占不到10%。原因不在于女性的演奏水平不如男性，而是面试官抱有偏见。当选拔方式由面对面选拔改为用幕布将选手与面试官分隔开来，使面试官不能看到演奏者的面部和身体动作，不受其他因素的干扰，从而专注评估演奏者的演奏能力。变成盲选以后，女性进入决赛的比例由19.3%提升到28.6%；传统机制下女性被录取只有1.7%的可能性，但在加入盲选机制后录取率增长到2.7%。这一简单的改变对推动交响乐团中女性比例上升起到了重要作用。

2. 推迟30分钟做决策

人在外部环境影响下倾向于根据感觉快速做出决策。一位营销专家说道，网购的退货率为20%~50%，而兴起的直播带货的退货率更高。服装类商品直播带货的平均退货率高达60%以上，其中除了商品尺寸、质量和颜色原因外，更重要的是冲动消费。直播带货中的表演式砍价、饥饿营销和优惠促销手段，加上主播夸张的话术和抢购的场景，导致客户会根据主观感觉和印象冲动下单。而直播结束后，客户慢慢恢复理性，后悔下单，于是退货。由此可以得出结论：不要第一时间做决策，推迟时间做决策可以恢复理性思考，减少决策错误。

卢·阿德勒在《选聘精英5步法》一书中给出了克服第一印象的人才决策建议，那就是推迟30分钟做决策。阿德勒认为："由于情绪、偏好、性格特性以及习惯等因素而产生的第一印象，所造成的招聘失误比其他任何原因造成的失误都要多。在面试的前半个小时之内所做出的错误招聘决策，要远远多于其他任何时间，而如果能够推迟30分钟做出决策，无论这个决策是否适当，招聘者都可以将招聘决策的失误减少50%。"

在人事决策上，好决策远远胜于快决策，快决策几乎都是错误的。

3. 从相反的方向来评估

实际上，当人们对候选人的第一印象较好的时候，就会提问一些简单的问题，强化好印象，回避掉风险，例如"你的优点是什么""你怎么看待这个行业""你想做什么事情"等。

当人们对候选人的第一印象不好的时候，就会提出一些越来越难的问题，来验证自己的判断，例如"你最大的缺点是什么""你为什么不这样做""这个问题你为什么没有去解决"等。

要想规避第一印象的误差，就要反过来评估。如果对候选人第一印象非常好，就要考虑遗漏了哪些重要的信息，多评估候选人的不足和风险；如果对候选人第一印象非常不好，就要提醒自己是不是没有关注到他的优势和亮点，有哪些可用之处。不要被第一印象带偏，从反面思考和评估，有利于做出理性判断。

4. 依靠集体评议方式

当产品或服务的对象是企业 B 端客户而不是 C 端客户时，促销诱导冲动消费的模式就失效了，因为企业级的采购决策大部分不是由某一位负责人做出的，企业会组成一个评估委员会来集体评议和决策，这样就会削弱个人第一印象的误差。一群人对一个事物进行评议的时候，每个人倾向提出不同的看法，观点就会多元化，能够呈现事物的客观全貌。所以面试的时候，多人面试的效度一定强于单人面试，集体面试会提高面试的理性和客观程度，这一点我会在下一个环节深入论述。

5. 回归理性的原点

若在森林中迷路了，最好的选择就是回到原地，重新审视位置，确定方向。面试的时候，要时刻牢记企业找人的目的是什么？需要什么样的人？标准是什么？时刻对照标准，就不容易被第一印象误导。你想找一个韧性强的销售员，面试中候选人夸夸而谈、礼貌友好，这个时候你要思考：他韧性强吗？入职后能胜任工作吗？他创造过高绩效吗？我能看出他的韧性吗？回归原点的时候，人就会理性思考，不容易被第一印象的偏见影响。

史蒂夫·乔布斯在一次访谈中提道："你无法在一个小时的面试里了解足够多的信息。所以，最后你只能凭借直觉做出选择——我对这个人印象如何？他在面对挑战时会如何反应？他现在为什么会来到这里？我问所有人'你为什么来这里'，答案本身并不是你想要的东西，这只是元数据。"再优秀的识人高手也会被第一印象影响，所以时刻提醒自己，不要被第一印象误导，回归理性评估。

四、不要通关制，而要评议制

面试通关制指的是候选人经第一轮面试通过之后，才能进入第二轮，第二轮面试通过后才能进入第三轮。如果候选人在第一轮面试被拒绝，即使是真人才，也没机会进入下一轮的面试了。

人们可以从候选人是否合适和企业是否接受该候选人两个维度，分析企业人才决策的有效性。人才决策分布矩阵如图4-1所示，横坐标为候选人是否适合职位要求，纵坐标是面试后接受或拒绝候选人的决策。

第一象限是接受了合适的人才，是正确决策。

第二象限是接受了不合适的人才，是错误决策。

第三象限是拒绝了不合适的人才，是正确决策。

第四象限是拒绝了合适的人才，是错误决策。

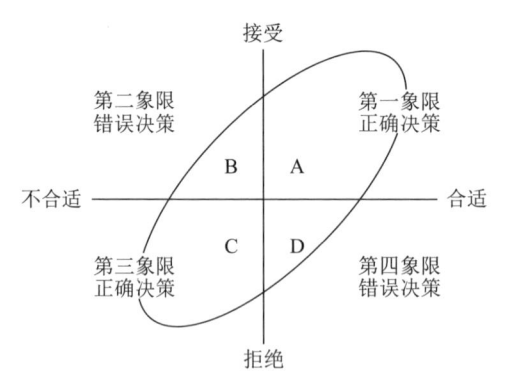

图4-1 人才决策分布矩阵

优秀找人官的面试决策数据应该大部分分布在第一象限和第三象限，少部分数据分布在第二象限和第四现象。

面试通关制的最大弊端是每一关的单个面试官都有决策失误，每一关都会误排除掉真人才，并让伪人才进入下一轮面试。再卓越的找人官都会有决策失误，如果找人官的评估准确率为30%，意味着拒绝了70%的真人才，并使70%的伪人才进入下一关，如果下一关的找人官的评估准确率仍然为30%，又会放大决策失误。如果企业的选人决策大面积分布在第二象限和第四象限，那会带来灾难性的后果。

盲人摸象的故事说明了个体的认知盲区和偏见，但所有盲人感觉到的形状拼装在一起，就是大象的全貌。因此，要想减少通关制带来的错误决策，就要借助集体智慧，最大限度地减少个体的认知盲区。

研究表明，由多个受过识人训练并有高识人准确率的找人官组成的集体面试，（即评议制）比通关制的个人面试更有效，特别是对于高级职位及复杂职位候选人的面试。

评议制是"评+议"，先由各个找人官独立提出自己的评估观点，然后集体商议，以客观的评估标准和数据为"尺子"，以理性的商讨流程为保障，以集体智慧作为决策依据，这样就可以最大限度地减少个体盲区和偏见，实现第一象限和第三象限的正确决策。

实施评议制的关键要点

1. 初试筛选环节可以由单个面试官来独立完成

初试的目的是基于人才显性标准和要求筛选掉明显不合适的

候选人，不是决定谁合适，而是决定谁不合适。比如招聘一个司机，初试重点是评估其驾照类型、安全事故率、年龄等标准，还要了解候选人的个人意愿，比如对工作地点、工作模式和出差意愿等要求，先拒绝明显不合适的人选。

2. 组建熟悉岗位的面试委员会，明确主席人选和职责

面试委员会成员可以选择所招聘岗位的直接上级和间接上级、同级、HR甚至下级，一般为3~5位。成员须接受过科学系统识人培训，并经过企业找人官认证委员会认证通过。面试委员会主席负责控制时间、流程和决策质量。委员会成员站在企业用人角度来思考和决策，不是从当前的职务角度决策。

3. 确保按照科学集体面试流程进行面试

面试委员会提前明确集体面试流程和环节，防止面试过程中出现无序混乱的状态，并确保每位面试官都有提问的机会。

4. 每位面试官须独立表达自己的意见

面试决策建议不能说"差不多、还行吧、我没什么看法、听你们的"等含糊不清的说法，每位成员要直接表达自己的观点，"淘汰、录用或进入下一轮"。

当观点不一致时，成员需要针对录用标准，说出各自的评估依据，摆事实，讲道理，并进行充分的讨论。如通过集体商议达成一致，则快速决策；如不能达成一致，则可以通过加试或特别测试，进一步验证意见不一致的地方。

5. 面试决策机制不是少数服从多数

面试决策机制不是少数服从多数，而是发挥集体智慧，如经过特别加试后还不能达成一致，则请上一级或更高级别的面试委员会来决策。

6.特殊情况下,如面试委员会不能集中面试,则可以请成员各自单独面试,再集体评议和决策

如果企业要找到优秀真人才,那么一定要设计出找到优秀真人才的流程和机制,评议制的面试方式不会导致流程缓慢,相反,有时候还会提高面试和决策效率。

五　拒绝伪人才是对组织不小的贡献

假设一个场景，HR做了很大的努力，安排了一天的集中面试，当几位面试官对6位候选人面试结束后，发现没有一人达到公司要求，而用人需求又很紧急，你会如何做？

A.果断拒绝所有候选人。

B.矮子里拔将军，从6位候选人中选择一个稍微好点的人选。

A做法能够坚持高标准不妥协，宁可放弃商业机会，以找人质量优先，也是慢找人的理念和方式。如果你选择了A做法，就有利于打造一支精英团队，享受到坚持高质量慢找人带来的奇妙之处，进入人才螺旋上升状态。

人们经常听到类似的话语："好歹先招进一个人，把活干起来""有试用期，不行就让他走人""先招进一个人，继续找优秀的人，找到了再替换掉""合适的人太难找了，先招进一个人，重点培训和考核，不行再换""如果不进人，就会失去商业机会，先招人做起来再说"……很多企业受到用人需求紧急、HR缺乏决定权和找人考核指标压力大而妥协，选择了B做法，降低标准录用了不合格的人才，那么就会陷入"萨尔特流大漩涡"之中。这样不仅不能解决问题，还会增加管理成本和内耗，导致每加入一个人都在降低组织能力。

正确的决策包括"找到了对的决策"和"排除了错的决策"。同样，虽然没找到优秀真人才，没有完成任务，但你拒绝了一个不合适的候选人，减少了企业直接成本和间接损失，因此，防止招进伪人才也是对组织不小的贡献。

但拒绝伪人才是一件高难度的事情。很多时候，没办法通过实证确认你拒绝的伪人才是不是真的伪人才，只有让候选人入职，通过工作绩效来验证真伪，而拒绝了伪人才就等于直接失去了验证机会，这本身会引起争议，不容易在内部达成一致。另外，录用了面试时认为的伪人才，万一把伪人才识错，企业就会得到一位真人才，即使把真的伪人才录用了，大部分企业也不会追责选人失误的面试官。因此，大部分面试官都不太容易拒绝伪人才，谷歌人力运营部对面试官的培训重点就是如何拒绝不合适的候选人，谷歌坚持的原则就是宁可漏聘，也不误聘。

拒绝伪人才需要智慧，更需要勇气。

智慧帮助人们区分谁是真人才，谁是伪人才。

勇气帮助人们坚持宁缺毋滥的高标准，不受短期压力而妥协。

六 避免找人的两个极端：随意粗放和谨慎保守

在拒绝伪人才、防止招进伪人才方面，很多企业容易走向两个极端。

极端一：过于随意粗放，觉得相马不如赛马，选人标准可以低些，先招人进来再说。

极端二：过于谨慎保守，宁可错过多个真人才，也不能招进一个伪人才，或者只有在其做出业绩、确认是真人才后才愿意给予其相匹配的待遇。

以下面两家企业为例。

两家企业都在加大找人力度，扩充团队，但就像一个硬币的两面，表现出两种截然相反的做法。

A企业：该企业开拓了新赛道，需要组建新团队，CEO希望能招聘到有创业精神、高情商、自我牺牲精神的人才。眼看着业务开展在即，团队组建不起来，CEO也着急，后来采用"赛马不相马"策略，放低找人标准，只要满足学历和专业要求，有工作意愿就可以入职。于是一个月招进来100多人。虽然有人干活了，但人员成本很高，工作表现远远不及期望要求，人员参差不齐，管理混乱。3个月过后，企业开始淘汰不合适的员工，最后只剩下不到10人。业务没做起来，企业规模还收缩了。

B企业：猎头公司长期跟进的一位经理人的专业特长和具备的资源正好是B企业需要的，如果成功合作能够帮助B企业打开市场局面，提高业绩。在猎头公司的撮合下，经理人通过了B企业的HR和业务负责人两轮面试。HR和业务负责人觉得该经理人有可用之处，但担心其不能适应本企业。因为以前B企业出现过多次看好的高管候选人入职后空降失败的情况，"一朝被蛇咬，十年怕井绳"，企业在招聘高管时非常谨慎。

为了进一步验证，B企业HR又安排该候选人做了性格测评，测评结果也显示其在合作性、创新性、情绪管理等各方面都不错，于是HR想继续安排企业高层领导面试。

等猎头公司再联系该经理人的时候，其已经拿到了另一个企业的offer。猎头公司与其再三沟通，候选人同意参加B企业CEO、董事长的两轮面试。

几轮面试下来，再加上背景调查，B企业对候选人各方面都比较满意，但是觉得在企业文化融入和业绩创造方面需要进一步考察。因此在谈待遇的时候，B企业给出的试用期薪酬结构是低工资加高提成的方式，固定工资不到该经理人之前工资的三分之一。

该经理人觉得屡次参加面试，最后待遇远低于自己的期望，同时在这个过程中没有体会到被尊重的感觉，于是断然拒绝，快速加入竞争对手企业。

过分的谨慎和怀疑，让B企业失去了优秀的真人才，失去了商业机会，难以通过人才招聘打开能力的边界，局限在原有的能力范围内。

▶ 人才复利——CEO先是1号找人官

过于随意的招聘方式可以让企业快速招聘到人，在企业市场红利或政策红利空间足够大的情况下，能够快速抢占市场；但是当企业进入全面竞争状态的时候，这种方式不仅消耗巨大的人工成本，降低了组织效率，还难以带动业务增长。

2019年4月29日，任正非在华为心声社区发表的《关于公司高端精英类、软件类人才面试方法调整的建议》中写道："我们要改变过去大呼隆的招聘方法，真正的专家、主管不上前线，HR看简历面试又不深刻，导致大规模进人、大规模走人。不仅对公司不负责任，而且对员工也不负责任。一个青年的青春是有限的，耽误人家几年，对得起人家吗？我们要不断充实队伍，也要选对需要的人，人家也需要选对人生的道路，请各招聘机构适当整风。"

过于谨慎保守的招聘方式，有可能让企业招聘到一小部分真人才，但也会让企业自我设限，降低了招错人的风险，同时增加了漏掉真人才的概率。在一个人才稀缺的时代，要靠三顾茅庐甚至"N顾茅庐"才能抢得到优秀真人才，过于谨慎保守的招聘方式会使团队难以有效扩大规模。

过于随意粗放的招聘方式背后是放低标准，急于求成，这样就很难建立卓越的团队。

过于谨慎保守的招聘方式的背后是因噎废食，不敢出错，因为担心招错人而不选人。识人正确率不可能达到100%，企业要有勇气承担招错人的风险。

A企业的找人方式从过于谨慎保守直接跳到随意粗放，B企业的招聘方式从随意粗放直接跳到了谨慎保守，找人的两个极端都不可取，但是放低了招聘标准，招错人的概率就会提高，过于苛刻的标准又招不到人，如何破解这个难题呢？

企业要坚持"高标准、高投入、高勇气"的选人原则，有敢用牛人的勇气，敢于承担招错人的风险，先相马再赛马，进而剔除看走眼的劣质马。企业若招错了人，要及时发现和当机立断做出处理，不要拖延，可以让损失降到最低。让优秀真人才不断地加入，把混进来的伪人才及时清除出队伍。企业通过不断地找人、用人、培养人、淘汰人的循环，才能使团队的人才密度和厚度得到强化和巩固。

七 透过迷雾看到硬行为

面试官必须在有限时间内识人，这既是一项高难度的冒险行为，又是一项高价值的决策行为。选对人，能创造无限可能；选错人，很有可能就是一场灾难。

要掌握行为面试法，面试官必须熟练掌握提问和追问技能，要投入足够多的时间总结和复盘，很多经理人会问有没有简单易掌握的面试方法，我只能劝他们打消这个念头。大部分企业经理人在我辅导培训的期间还能特意练习行为面试法，但在咨询辅导周期结束后还是放弃了。

人的软能力包括价值观、素质、认知等层面，是长期绩效的决定因素。识人之所以难，在于这些软能力一眼看不清，看不准，必须通过了解软行为才能加以判断。

最近几年，我也在反思，如果一开始就是高难度的面试动作，不少经理人很难坚持，用着用着就放弃了。有没有硬行为能直接体现软能力？软行为不仅需要验证有没有，还要评估行为展现的程度；而硬行为只需要判断有没有，对面试技巧和时间投入要求相对较低。识人面试如果能找到硬行为，就能又准确又高效。

欣喜的是，我发现一些和软能力、高绩效正相关的硬行为，供大家参考。

硬行为一：学生时期担任过学生干部的经历，能体现领导力水平

学生时代担任过班干部、社团干部、学生会干部的学生，其个人领导力普遍高于同期学生。在学生时代，学生干部虽然在获得学校资源和机会方面多一些，但很多时候要劳心操力，甚至做一些吃力不讨好的事情。学生如果没有领导意识和组织能力，是不会竞聘学生干部的，老师也不会选一个没有领导意识和组织能力的学生担任学生干部。

根据我过去在校园招聘中的大量面试经验和对部分学生的长期观察，学生会主席、社团会长、班长的领导力会高于普通的学生干部。

①学生会主席具备出色的协调沟通能力、大局意识和组织能力，通常会留校或从政。

②社团一把手往往有敏锐洞察力，善于发现商机，创新能力强，创业概率会高一些。

③班长的学习能力和综合能力常超出一般学生，动手能力强，又能组织班级活动，去企业做管理、成为高管的概率更高。

当然这种现象仅代表一部分学生的特点，没有大数据支持，仅作探讨之用。

员工是否担任过学生干部和其领导力水平呈正相关关系，因此，大企业在招聘管培生的时候，往往青睐有学生干部经历的学生，有领导力的学生更容易培养为管理者和领导者。

硬行为二：长期重投入的体育运动，能体现坚韧乐观的品质

清华大学李稻葵教授曾讲过哈佛大学做过的一项调研：毕业20年后，哪类校友群体为母校捐款最多？结果出人意料，捐款最多的并不是学习最好的学生，反而是那些有体育校队背景的学生，无论当年还是现在都是最有集体荣誉感的学生。

对于企业来说，可以关注有长期重投入的体育运动习惯的候选人。这里强调重投入的运动习惯，指的是长期坚持有难度的体育运动，不是类似一个月打一次台球这种低频率的娱乐运动。运动员有强大的心理素质，比如竞争精神、合作精神、心态调节能力等。同样的，有长期重投入的体育运动习惯的人，一般不容易放弃，坚韧性强，乐观积极。经常运动的人很少会消极或患抑郁症。因此，长期有重投入的体育运动的行为和坚韧、竞争精神呈正相关关系。

硬行为三：小时候拆装电子用品，能体现好奇心和创造力

很多科学家在小时候都干过类似的"坏事"：把家里的相机、闹钟、收音机等拆开或组装。史蒂夫·乔布斯小时候最喜欢和父亲一起修理汽车，在修理汽车的过程中他接触到了电子设备，周末去废品堆里寻找零部件是他最有乐趣的事情。10岁的乔布斯常常把小型电子产品拆解开来，想要弄懂其原理，并且设计了一些小的电子设备，比如在家中连接了几个扬声器，在自己的衣柜里搭建了一个控制室，这样就可以偷听其他房间的声音了。

第二次世界大战时，美国佛罗里达州彭萨科拉海军航空兵站需要在一个月内训练出1100名飞行员，训练任务量是和平时期的10倍以上。要在这么短的时间内完成任务，关键是选择有天赋和毅力的飞行员候选人，再加上艰苦的训练。军事心理学家爱德华·丘尔顿设计了一份评估问卷，将新兵的回答与之后他们在飞行员训练中的表现做了对比，发现问卷上有一道题目比整套问卷更能预测飞行员未来能否成功。这个问题是："你自己做过能飞起来的航空模型吗？"做出肯定回答的新兵，成为优秀飞行员的概率更大。谷歌人力运营部工业心理学家托德·卡莱尔说："一直喜欢飞机的人对它的激情，最终成了预测指标，他们会坚持到底，不管在飞机里吐了多少次。"托德·卡莱尔基于谷歌的员工实证研究发现，从绩效反馈来看，员工接触电脑的时间越早，在谷歌的工作绩效表现越好，特别是自己组装过电脑的人，一般对电脑都有可持续的激情，这才是在谷歌工作最需要的驱动力。

可以看出，小时候拆装过电子产品、组装过电子模型的候选人，其好奇心和创造力更强，更容易适应创新的工作环境。

硬行为是软能力的充分非必要条件，做过学生干部一般意味着有领导力，但有领导力不一定担任过学生干部，因此，没有担任过学生干部的学生并不代表没有领导力。不少在校园时代表现平平的学生，毕业后在社会上打拼，取得了不小的领导地位，这种现象是普遍的。一个人有硬行为，说明其对应的软能力会强一些，但没有硬行为不代表软能力弱，这是需要注意的。另外，人们不能穷尽软能力对应的硬行为数量和类别，比如领导力可能对应几十个或几百个硬行为。

抛砖引玉，当然不是所有的岗位都要求具备领导力、坚韧性和好奇心，以上三条也仅供参考，尤其第三条并不常见，在此主要是探讨硬行为对于识别人才的低成本和高精度的价值。相对于软行为，硬行为只需要在简历材料中或面试中识别即可，这些硬行为是已经得到实践论证的，候选人也不容易伪装。因此不需要复杂的评估手段就可以快速判断，精准度更高。

提炼出与招聘岗位所需软能力匹配的硬行为是有难度的,需要大量的实践验证和研究。一旦找到能体现软能力的硬行为,就可以快速、精准、直接地判断出其软能力,这是一个新的发现。

第四章　找对人：学会看硬行为

本章关键发现

1. 面试不是真诚的对话，而是互相说谎的游戏。

2. 大部分的面试都是无效的。

3. 面试前 10 秒形成的第一印象基本决定了面试结论。

4. 第一印象很多时候是错误的。

5. 坚持宁缺毋滥的原则需要智慧，更需要勇气。

6. 拒绝伪人才也是有贡献的人才决策。

7. 避免过分小心谨慎，从而漏掉了真人才。

8. 找到硬行为是快速精准面试的关键。

CHAPTER 5

第五章

找进来：从三顾茅庐到Z顾茅庐

"三顾茅庐已经不适用了,必须得四顾。"

——张一鸣

▶ 人才复利——CEO 先是 1 号找人官

一 人和企业的关系已发生了根本变化

农业经济社会是土地雇佣劳动，工业经济时代是资本雇佣劳动，知识经济时代是以智力资源和知识资本为主要投入要素的新时代，是知识创造资本，人和企业的关系发生了根本的变化。

1. 人才流动性越来越强

农业经济时代，由于家族宗法、资源聚集、交通限制等因素，劳动力都依附在土地上，不能自由流动。到了工业经济时代，人才的流动性增强了，但基本还是限制在一定区域的工厂里。而到了知识经济时代，人的潜力和能力得到极大释放，由于信息传播、交通条件、科学技术的发展，人才的流动性大大增强到了充分流动的时代，人才都涌向能创造价值的高地。哪里能提供人才价值，人才就涌向哪里。

跨城市、跨区域、跨国的流动壁垒也在降低，今天在北京工作，可能下周就换到杭州的一家企业了，甚至去美国企业工作了。过去，企业人才离职率达到 10% 就很高了，现在离职率达到 30% 都不奇怪了。

2. 资本雇用人才的特征在弱化，人才选择企业的主动权在强化

农业经济时代和工业经济时代，农场主和工厂主垄断了资源和资本，数量远少于劳动力，牢牢掌握了选择人才的主动权，人才只有被选择的权利。但在知识经济时代，人才是创造经济财富

的核心要素,由于投资行业的成熟,资本和资源都涌向优秀真人才,优秀真人才能让资本产生更大的回报,创办企业的成本在降低,因此,企业选择人才的主动权在弱化,甚至主动权转移到优秀真人才手中。企业都在争夺人才,人才可以根据自己的需求选择企业,这也是企业找到优秀真人才越来越难的原因。

3.人才需求多样化越来越明显

在物质极度匮乏的时代,人才会因为薪酬高而愿意接受工作时间长、工作环境差、不能自由发声的工作机会。对企业来说,用高薪能解决一切。但随着社会发展,物质生活得到极大改善,多元化的需求越来越成为人才在求职中考虑的重要因素。而企业的管理制度往往是"一刀切",管理要求和人才个体的多样化需求就会产生矛盾。例如,一位单身母亲需要每天接送孩子上学,这就需要一定的弹性工作时间,哪怕薪酬少一些也可以接受,如果企业要求员工必须朝九晚五地上下班,那么就会失去这位人才。同时,我相信,企业给予一定弹性的工作时间,并不会影响这位母亲的工作效率,也许她会更敬业。

知识经济时代的人才特征,决定了企业与人才之间的关系,企业要找到优秀真人才,要改变以自身为中心的模式,必须以人才为中心,创造吸引真人才的环境。以客户为中心的理念被无数企业奉为圭臬,为了满足客户需求,企业可以更换商业模式、产品性能、服务方式、服务流程等,甚至可以更改一切。而以人才为中心的理念还没有被大部分企业接受,只是停留在口头上。有的企业被人才拒绝后,自我安慰道:"不接受工作条件就算了,我们再继续找其他人"。如果还抱有这样的理念,大概率只能找到伪人才。

二 从筑巢引凤到因凤筑巢

有的企业用"筑巢引凤"来形容对人才吸引的重视，对比一般的企业已经有了很大的进步。比如把员工宿舍装修得如同五星级酒店，建设标准篮球场等运动场地，设置藏书丰富的图书室，提升食堂品质等。如果企业位于一二线城市，用这样的条件吸引大学毕业生还是有一定作用的，但如果企业在四五线城市、规模比较小、发展速度慢、属于传统行业，"筑巢引凤"效果会大打折扣，也难以吸引优秀真人才。

企业光做"筑巢引凤"式的工作，要招聘到优秀真人才，已经不灵验了。从筑巢引凤到因凤筑巢，实质是从以企业为中心转移到以人才为中心，这不仅仅是认知的转变，更是对企业勇气和胸怀的考验。

华为的人才招聘策略，不仅仅局限在"筑巢引凤"，更领先一步实施了"因凤筑巢"的策略，"在有凤的地方筑巢，而不是筑巢引凤"。人才在哪，资源在哪，华为就在哪里吸引人才。

字节跳动以人才为中心的招聘策略，吸引了大量的隐名人才，也挖猎到成熟企业的成名人才，并采取了收购式的方式招聘到了众多的开创型顶级人才，建立了足够密度的人才队伍，帮助字节跳动快速做大做强。

字节跳动的人才招聘：吸引隐名人才＋收购成名人才

拉姆·查兰说："企业最重要的资源无非两项，一是资金，二是人才。"人才和资金是创造一家卓越企业的重要条件。企业预算有限的时候要吸引"没有成名的隐名人才"，企业预算空间大的时候可以收购"成名人才"，也就是硅谷收购式招聘。刘润老师把字节跳动的找人策略总结为收购式招聘。

字节跳动处于创业早期的时候，没钱，没名气，没规模。

字节跳动是一家"没有总部大楼"的企业，因为发展速度快，办公空间跟不上员工的增长，只能人才在哪里就把办公室设在哪里。

有钱时收购式招聘成名人才：字节跳动通过收购式招聘，把很多企业的创始人和团队纳入自己的版图中，弥补了业务短板。

陈林之前的创业企业被字节跳动收购，创始成员之一的陈林加入字节跳动；

图吧于2013年被字节跳动收购，其创始人张楠加入字节跳动；

Musical.ly于2017年被字节跳动收购，其创始人阳陆育和联合创始人朱骏加入字节跳动；

黑帕云于2022年被字节跳动收购，其创始人陈金洲加入字节跳动；

……

要吸引已经创业的顶级人才并不容易，必须以人才为中心，并给予其一起做大事业的机会，顶级人才才会考虑。

在知识经济时代，只有那些创造出吸引人才和激发人才创造力的企业才能招聘到优秀真人才。我们的双脚已经踏入了知识经济时代，如果大脑还停留在过去的时代，还沿用"以企业为中心"的招聘策略，而不是跟随时代的潮流采用"以人才为中心"的招聘策略，那么不仅招聘不到优秀的人才，还会流失优秀的人才。

我认为，企业"以人才为中心"可以分为以下几个层次。

第一层次：建造吸引人才的硬件环境

主要建造满足人才生活和工作的更好的基础设施，如装修"高大上"的办公楼、宽大的办公室、五星级酒店标准的宿舍、饮食种类繁多的食堂、随时可用的健身房和浴室、科技范的会议系统、上下班通勤班车、高档统一的职业装等。在这些方面，企业与企业之间的差距已经在缩小，逐渐变成了吸引人才的基础条件。

第二层次：打造适合人才的分布式办公模式

在同一个城市，交通很重要，如城东和城西；在同一个国家，资源和产业有差异，如中国东部和西部；在同一个世界，不同的洲际，政治和文化差异很大。虽然人才流动变得频繁，交通也越来越便利，但工作地点一直是人才选择就职的关键因素。

我曾经造访无锡江阴的一家制造业企业，企业CEO说在江阴，这个行业的技术研发人员很少，优秀的技术研发人才都集中在广东，尝试接触过几个候选人，都不愿意来江阴，即使来江阴，人工成本很高，而且不稳定，同时对这边也不熟悉，没有技术交流的圈子，技术很难提升。于是，这家企业把研发中心放到了广东，很快就组建了一个非常强的研发团队。

企业要思考，自己需要的人才在哪，最好就把办公室设置在哪。知识经济时代，不再是企业总部在哪一个城市，就要求全国的人才都集中到这个城市办公，这种模式很难招聘到优秀真人才。

第三层次：塑造吸引人才的激励方式

企业不依靠高薪也可以招聘到优秀真人才，企业规模小的时候大多难以提供高薪酬，有些优秀真人才在换工作的时候也不在意薪酬，但这不应该是常态。只有高的薪酬才能提高招聘到优秀真人才的概率。

我们很少看到一个卓越的企业给员工的待遇很低，却能持续招聘到很多人才的案例。另外，在做企业管理咨询的过程中，我很少发现企业家认为本企业的薪酬很低，企业往往觉得付出的薪酬不低，至少是相当于市场水平的。这里的关键是，薪酬水平不是企业说了算，而是人才说了算。奈飞鼓励员工出去面试，这是证明奈飞的薪水竞争力最可靠和最有效的方式。

第四层次：营造激发人才创造力的文化

人择良友而交，禽择良木而栖，人才都想到能发挥能力的地方任职，高薪是吸引优秀真人才的必要条件，但不是充分条件。正如我们经常看到的，很多企业凭借高薪一时招聘了不少明星人才，但过了一段时间，人才又纷纷离开。我曾经和一名企业高管交流时，对方私下说道："当时公司是以2倍的工资把我挖过来的，但是过来之后，很多工作都开展不了。我还要再坚持2年，我现在有房贷、车贷，家庭经济压力太大，等过了这2年，我肯定要走的。"

以人才为中心，是尊重人、相信人的潜力，提供激发人才创造力的文化，包括信任、授权、价值观、晋升等。如果企业只是把人才当门面，不相信人才的力量，把人才当成资本的附庸品，是找不到或留不住优秀真人才的。第四层次的差距是企业间最大的差距。

第五层次：创造满足人才个性化需求的空间

这几年，很多企业针对客户的个性化需求调整商业模式，互联网信息平台提出了千人千面，生产企业提出柔性定制等商业运营模式，并提供针对性的产品或服务。同样，员工的需求也是个性化的，企业一刀切的共性管理制度要求满足不了个性化的需求。

比如企业的股权激励制度，大部分是根据企业的战略、职级、范围、额度等统一规定的，假如员工想从薪酬激励中获得更多的现金，那么长远的股权激励就满足不了需求，有的员工想要更多股权，少一些现金，仍然满足不了个性化的需求。崇尚自由与责任的奈飞就给予员工个性化选择的权利，允许由员工自己而不是薪酬委员会来决定薪酬总包中现金与股票期权的比例分配。要尊重人性，并不是员工要的股票少、现金多，就代表对企业未来没信心。越来越多的企业在吸引顶尖人才时，把薪酬和股权的组合比例的决定权交给人才，可以更好地满足个性化需求。除了薪酬个性化需求，员工对上班时间、穿着、会议管理、休息休假等都有需求分化的趋势。

不少企业已经在尝试创造满足人才个性化需求的空间，但大部分做得还不够，因为个性化的管理会打乱企业的共性制度，需要管理者容忍一定的模糊性和不确定性，这对传统的管理模式是巨大的挑战。

企业以人才为中心，满足人才的需求，不是放弃用人原则，不是一味地讨好人才,而是去除掉影响人才加入和发挥能力的障碍,这些障碍也是企业自己设置的。亚马逊创始人杰夫·贝佐斯说:"创新有各种规模,最激进和最具变革的创新是帮助他人释放创造力,以实现其梦想。"企业往往给自己加了很多限制人才的条件,束缚了人才的创造力,固守堡垒,把人才挡在了门外而浑然不知。

三 不要轻易在 N 顾茅庐前放弃

求贤若渴，关键就是一个"求"字，历史上求贤典故无不是明主主动去求人才。周文王为了请姜子牙，亲自出宫殿去渭水河畔寻找他，第一次没见到，第二次只见鱼竿不见人，第三次才见到姜子牙，甚至把自己的辇让给姜子牙，自己亲自拉着辇步行，最后才求得姜子牙同意辅佐自己。

周文王请姜子牙的传说

一天晚上，周文王梦见飞熊入怀，第二天他就差人前去寻找飞熊，在渭水河边找到了正在钓鱼的姜子牙，姜子牙号"飞熊"。周文王听了当差的禀报，亲自到渭水河边请姜子牙到朝里管理国家大事。

姜子牙问周文王："大王想怎样请我出山。"周文王一听，心想这是要观察我的诚意啊！于是很客气地回答道："骑马还是坐轿子都行，随您挑。"

但是姜子牙说："我一不骑马，二不坐轿，大王的步辇得让给我坐。"

跟周文王来的文官武将一听大惊失色，古代等级森严，只有帝王才能乘坐步辇，姜子牙要坐步辇就是越权了，这是要杀头的，没想到周文王想都没想就答应了。

这时姜子牙又说道："我乘辇，还需要大王亲自拉着。"

文官武将又吓了一跳，姜子牙把周文王当成马啦？罪过不小！可是，周文王一咬牙，又答应了。

姜子牙坐到辇上，周文王拉着，一步一步地走着。周文王是真心真意请有才能的人。一个大王，平日里肩不挑担，手不提篮，这回拉了个辇，哪能拉得动？他拉了一会儿，停下来歇脚，看姜子牙在辇里还睡着了。周文王歇了一阵，再拉一会儿，又拉不动了，歇了一阵再拉，累得连气儿都喘不上来了，只好对姜子牙说："实在拉不动了！"

姜子牙睁开眼睛，下了辇问："大王拉我走了多少步？"

周文王说："我没数。"

姜子牙说："大王拉我走了八百步，我保大王的子孙坐八百年的天下。"

周文王一听，后悔了，连忙说："你快上辇，我还能拉。"

姜子牙摇头说："晚了，不行喽！"

周文王回到京里，封姜子牙当军师，领兵攻打商纣王。周文王死后，姜子牙保周文王的儿子周武王打败商纣王，得了天下。

我们再来看看其他著名的N顾茅庐挖到人才的案例。

3次：刘备三顾茅庐方取得诸葛亮辅助，建立蜀国。

5次：乔布斯为了说服斯卡利加入苹果公司，前后5次约见他，"你是想卖一辈子糖水，还是想和我一起改变世界？"这是乔布斯第五次见斯卡利时说的话，最后打动了斯卡利，因此他决定加入苹果公司。

6次：美团创始人为了说服干嘉伟加入，前后6次南下杭州约见他，历时5个月才挖到这位人才，赢得团购行业的"百团大战"。

30次：雷军说，"在小米创办的第一年，我花在找人上的时间超过了80%，我几乎每天都在找人，所以，找人不是三顾茅庐，找人要30次顾茅庐，假如你有我这样的决心的话，我不相信组不成一支像样的团队。"

企业人才争夺已经从"三顾茅庐"到"N顾茅庐"了，找人变成一个深入链接和交流的持续过程，是从点到面的延伸，而不再是简单面试就结束的动作。企业为了获取客户，百折不挠，要经历多个环节和长周期跟进才能有所突破，而在找人上，很多企业却缺乏耐心。

1. 等人上门和上门拜访

第四章详细说明了等人上门的落后找人方式，一些企业做不到让人才慕名而来的水平，越是顶尖的人才越需要企业主动上门拜访，很多企业连"茅庐"都不顾，是无法抢到优秀真人才的。

2. 顾茅庐的次数

很多企业仅仅停留在1顾茅庐的层次，被人才拒绝以后，大部分人情绪和自尊心会受到影响，就轻易放弃了。仅仅一两次会面，企业是难以和优秀真人才形成熟悉和信任关系的，也难以让人才深入感受到企业求贤若渴的真心，最后无功而返。

四 先打动人心，再邀请人

如果不能打动人心，便不会让人跟随。N顾茅庐不是简单的见面和说服人才，不是对人才死缠烂打，而是用心思考如何打动人心，找到人才动心之处，一击即中。《苹果的哲学：乔布斯的神谕、偏执及给全人类的四堂指导课》一书描写了乔布斯的做法。

乔布斯是如何打动布鲁斯·霍恩的

某个星期五的晚上，当时非常优秀的程序设计员布鲁斯·霍恩接到了乔布斯的电话，"布鲁斯，我是乔布斯，你觉得苹果公司怎么样？""非常棒！但是很抱歉，我已经接受了其他公司的工作。"布鲁斯回答道。

"别管它！明早你来我们公司，我们有很多东西要给你看。就在早上九点，你一定要来！"

当时，布鲁斯刚刚接受了另一家公司的聘请，所以他并未认真对待乔布斯的邀请。他心里想的是：乔布斯或许只是心血来潮，但我应该去一趟苹果公司应付一下。我会漫不经心地听他讲完，然后坚定地告诉他，我不能毁约。

但是，第二天乔布斯的表现彻底改变了布鲁斯的初衷。乔布斯召集了麦金塔电脑小组的每个人，包括安迪、罗德·霍尔特、杰里·默罗克以及其他软件工程师。在乔布斯的带领下，他们进行了整整两天的演示，将各种不同设计的绘图以及市场营销计划展示在布鲁斯眼前，布鲁斯彻彻底底被征服了。

因为，这些计划让布鲁斯非常感兴趣，他从中看到了自己梦寐以求的未来。星期一早上，布鲁斯就打电话给之前他想去的那家公司说他改变主意了。

乔布斯从来不会僵硬地只靠嘴说服人才加入，而是用心展示能打动人心的事业画面，用未来有冲击力的梦想击中人才的内心。把其内心的渴望激发出来，再顺势邀请人才加入就顺理成章了。谁会拒绝一份直击内心的事业机会呢？

如何才能打动内心呢？物质待遇是吸引人才的外在基础，不要让它成为人才加入的障碍，而打动人才内心的只能是远大的使命、愿景和梦想等精神追求，赋予工作意义才能赋予人才内在动力。没有精神追求，就只能找到会用手脚的"雇佣军"，而不是用心用脑的"好士兵"。优秀人才只能靠精神追求吸引来，无论企业大小，盈利或亏损，领先或落后，什么都可以缺，唯一不能缺的就是远大的精神追求。

第五章　找进来：从三顾茅庐到N顾茅庐

五　等他十年又何妨

赞比亚裔经济学家丹比萨·莫约在《援助的死亡》一书结尾处写道："种一棵树最好的时间是十年前，其次是现在。"即使你拼尽全力，优秀真人才可能因为正在从事自己热爱的事业或有特殊情况而不能加入企业，请不要沮丧，放长时间线，等他十年又何妨。

我熟悉的一位企业CEO用了10年的时间说服一名人才加入。而当时这名人才只想去大企业，CEO虽有遗憾，仍然保持每年几次的会面，这名人才每次换到更大的企业时，CEO都表示祝贺和支持，10年过去了，这名人才在3家最大的企业都待过了，当再想换工作的时候，CEO再次表达了邀请意愿，并筹划了未来事业画面，而这名人才再也没有拒绝的理由了。

找人官不仅要善于做"猎手"，也要学会做"农夫""轿夫"和"花匠"。

猎人嗅觉敏锐，敢于冒险，抓住目标不放松，找人官要做"猎手"，看到优秀的真人才，就像看到珍贵的猎物一样，两眼发光，敢于主动出击，持续跟踪，不轻易放弃。

猎手可能缺乏足够的耐心，当目标消失的时候，就会"打一枪换一个地方"。因此，找人官还需要有农夫的耐心和长时间的耕耘，春天选好种子，种植下去，施肥浇水，拔草除虫，等到秋天，就有丰收。优秀人才是需要跟踪和维护的，不仅仅是 N 顾茅庐，还要深度链接。卓越的 CEO 总是给自己定目标，每年寻找和维护 20 个人才，等 5 年后，自己的人才池就有了 100 人，持续维护，人才池就会越来越大，找到和引进优秀真人才的概率越来越高，最后实现良将如潮，人才辈出。

更高水平的找人官，不仅仅有猎手＋农夫的思维，还要有轿夫的心力。不仅仅是找到人才，把人才纳入麾下，而是真正尊重和成就人才。轿夫放下身段，有宽广的胸怀，抬着别人向前走，帮助更多人才，为其提供更多的机会、资源和价值，人才才能蜂拥而至。周文王请姜子牙的传说中提到，周文王为请得姜子牙相助，甘于当马夫拉着姜子牙，为姜子牙提供了事业机会，最后成就彼此。

最高水平的找人官。除了会做"猎手""农夫""轿夫"，还要会做"花匠"。花匠不仅能够掌握花草养成之道，识别每株花的独特之处，更重要的是投入爱心和诚心，灌溉爱心之花。

六　入职不是结束，而是融入的起点

千辛万苦追到的真人才终于入职了，不少 CEO 悬着的心可以放下来了，觉得万事大吉、高枕无忧了。实际情况是，入职不是找人的结束，而是人才融入企业的起点，入职后前几个月的融入情况将决定聘用成败。

CEO 国外出差回来接到的离职申请

一位 CEO 在跟踪 A 人才长达一年后，终于说服其加入公司了。

CEO 在月度例会上宣布了 A 的任命通知，组织了欢迎会，要求人力资源部安排一系列入职办理程序和安顿工作后，就出国考察项目了。

A 入职后，雄心勃勃，着手工作调研和工作计划。但在业务旺季，公司骨干各自安排了出差计划，A 调研计划也没有得到落实，另外，A 的职责定位和授权并不清晰，CEO 只是让 A 先了解工作情况，内部没有人主动配合 A 的工作，A 只有向一些部门或下级主动问询工作事项后才得到反馈或回复。同时，由于 CEO 在国外出差，行程紧密，和 A 的沟通并不充分和及时。A 感觉自己在一个巨大的"无形网"中，动弹不得，无法调动相关人员和资源，两周后，A 在 CEO 出国回公司的第一天提出了离职，虽然 CEO 强力挽留，A 最后还是离开了公司。

大概几年后，CEO 在一次行业会议上遇到 A，A 已经是另外一家公司的总经理了。

人才在融入企业的过程中会面临一个个陷阱，一不小心就会滑落其中，这是一个艰难的融入过程。据统计，空降高管失败率高达 80%，而普通岗位人才在入职 3 个月的试用期间流失率也非常高，这对人才和企业都是巨大挑战。

人才融入企业的 5 个陷阱如图 5-1 所示。

第 1 个陷阱：定位和授权不清晰

企业外聘人才一定有明确目的，并抱有很大期望，而空降人才要解决问题、创造价值，必然会带来新的想法和做法，就会面临内部一系列阻力。登坛拜将才能师出有名，外聘人才入职后，尤其是将才，企业首先需要明确的是其定位和权限，其次是工作方向和目标。

不少企业引进人才后，只给一个职位和要求，让人才在新环境中摸索，这无疑会让其掉入第一个陷阱。

第 2 个陷阱：人际关系不够熟

外聘人才加入企业后，不要上来就了解业务，而是要熟悉团队，要与企业上下深入沟通和相互了解，取得大部分同事的认同和支持，才能推动工作。企业迫不及待地让空降人才直接解决问题，在事上花的时间多，在人际方面花的时间少，会导致外聘人才孤立无援，陷入人际关系陷阱。

第五章 找进来：从三顾茅庐到 N 顾茅庐

图 5-1 人才融入企业的 5 个陷阱

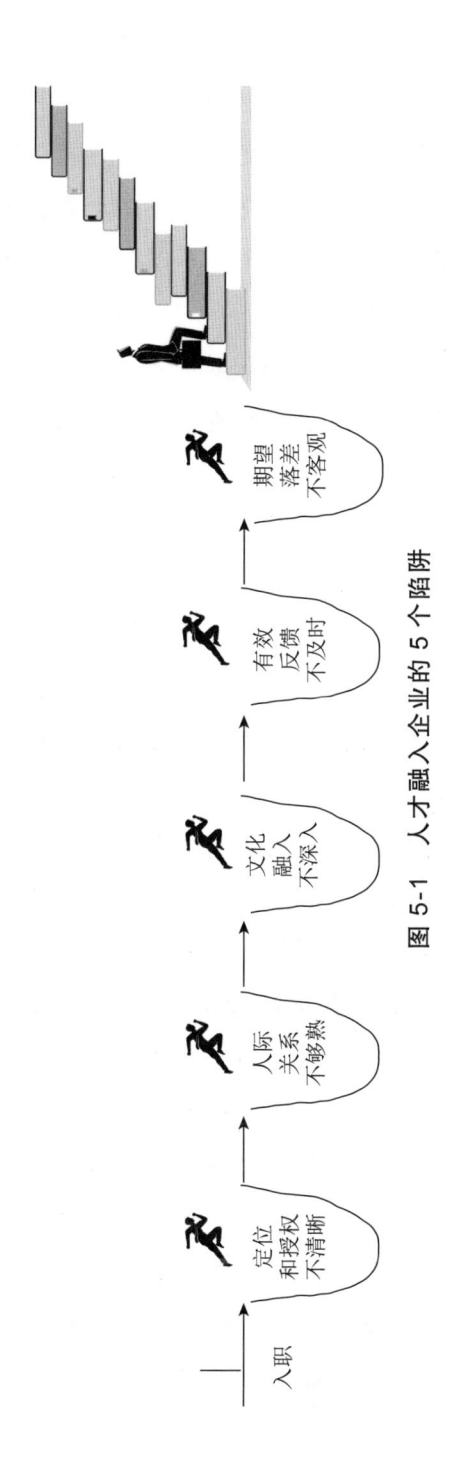

入职 → 定位和授权不清晰 → 人际关系不够熟 → 文化融入不深入 → 有效反馈不及时 → 期望落差不客观

第 3 个陷阱：文化融入不深入

每家企业都有自己独特的文化，大的方面包括使命和价值观差异，小的方面包括称谓和会议发言顺序。外聘人才如果还没适应新的企业文化就急于开展工作，不仅会水土不服，还会落入文化冲突的陷阱。

第 4 个陷阱：有效反馈不及时

西方有一个小故事，一位男孩待在一个面积足够大的空旷黑暗房间，伸手不见五指，男孩害怕极了，试着喊了一声，没想到房间里回应了一声，尽管看不到对方，但有回应的声音就像黑暗中的光一样，男孩觉得不再那么害怕了。

进入一个新环境，外聘人才有时候会手足无措：什么是对的，什么是错的，什么是提倡的，什么是反对的，什么是不可逾越的红线，什么是可以有自我发挥的空间？外聘人才最需要的是得到高频率的及时反馈，有效反馈就如同黑暗中的光，能够给予外聘人才安定和方向。如果只是浅层次的问候，例如"你还有什么需要支持的"之类的话语，或者是几周才有一次反馈面谈，那么积累的困惑和迷茫就会充斥外聘人才的大脑。

第 5 个陷阱：期望落差不客观

在面试阶段，企业因为看到人才的优势而选择聘用，突出的优势会放大对人才的期待，似乎有种"身带光环"的感觉。但在人才入职后，企业开始从关注优势转移到看到弱点，有两个原因导致企业开始关注其弱点，甚至不容忍一点差错。

第一个原因：企业因为内部不具备的能力才引进外部人才，期望人才能快速解决疑难杂症，而这些疑难杂症不一定能在短期之内得到解决，于是，企业过高的期望开始破灭。

第二个原因：人才本身就有个性，这种个性和企业文化或领导喜好并不完全一致，相处久了，这种个性就变成了不认同。

这两个原因会放大外聘人才的弱点，尽管有些弱点不影响胜任能力。有一个 CEO 在外聘人才过高期望破灭后，甚至看到外聘人才新修剪的发型都觉得和企业氛围格格不入，这种失望会变成厌恶，甚至鄙视，外聘人才自然也就难以融入。

企业不要指望外聘人才入职后就马上干出惊天动地的大事，而是先要避免落入 5 大陷阱中。企业可以安排以下的行动举措，让外聘人才成功融入企业。外聘人才融入的"6 个 1"行动如表 5-1 所示。

表 5-1　外聘人才融入的"6 个 1"行动

序号	行动事项
1	入职即提供 1 份工作说明书，包含职位、职级、权限和工作目标
2	安排 1 位资深人士作为导师，最好是直接上级，不仅给予工作指引，更多帮助融入企业
3	安排与企业重要同事至少 1 次非正式沟通机会，可以是聚餐、喝咖啡或户外活动
4	安排 1 次企业文化培训
5	至少每周由导师和外聘人才进行 1 次深入反馈面谈（不少于 40 分钟）
6	每月基于人才画像做 1 次客观评估，避免人才评价的不理性

▶ 人才复利——CEO先是1号找人官

本章关键发现

1. 人和企业的关系已发生了根本变化，企业在选择优秀真人才方面主动权已经弱化。

2. 企业吸引人才要以人才为中心，不是以企业为中心。

3. 三顾茅庐已经变成基础要求，为求得人才，需要N顾茅庐。

4. 说服人才不是动嘴，而是打动人心。

5. 为人才提供个性化的方案。

6. 找人官不仅要善于做"猎手"，也要学会做"农夫""轿夫"和"花匠"。

第六章 要用找将才的方式找将才

"陡恁的千军易得，一将难求。"

——元·马致远《汉宫秋》

▶ 人才复利——CEO 先是 1 号找人官

不要用寻常的方式找将才

1号位是企业帅才，高管是将才，"千军易得，一将难求"，找到三五个真将才，企业就能够开疆拓土，高歌猛进。但将才的角色和特质决定了与找普通岗位人才方式的不同。目前流行的传统招聘方式和面试技巧不太适合找将才，僵化使用这些方法可能会适得其反。

一位 HR 促成了企业 CEO 和一位高管候选人的面试，CEO 和高管候选人工作繁忙，时间难约，HR 对这次面试也做了精心安排，提前使双方相互初步了解。HR 将面试地点安排在了咖啡厅，希望 CEO 和高管候选人能深入沟通。面试如约而至，简单寒暄之后，CEO 直接问了高管候选人几个业务细节问题，考察其对业务一线细节的熟悉程度和专业能力。当高管候选人的答案和 CEO 心理标准不一致时，CEO 直接说出自己的答案和判断。高管候选人表示面试无法进行下去了，转身离开了咖啡厅。

企业找将才的方式和找普通岗位人才的方式至少有以下几个方面的差异。

1.CEO 先介入第一关

企业找普通岗位人才，大多遵循职级由低到高的面试顺序，如 HR 或业务主管搜索人才、HR 或主管初试、HR 负责人或业务负责人复试、CEO 终试或审批。而找将才的流程正好相反，遵循由高到低的面试流程，如 HR 或 CEO 搜索人才、CEO 初试、高管复试、由其他高管组成的面试小组终试、CEO 最后决策。企业找普通岗位人才和找将才的流程对比如图 6-1 所示。

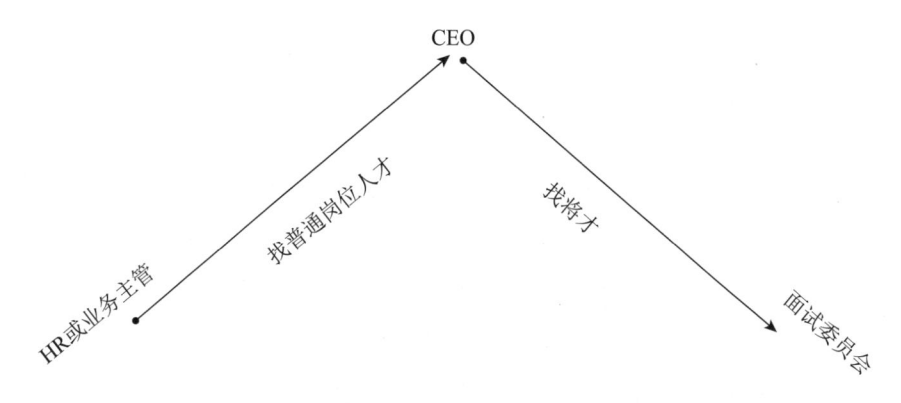

图 6-1 企业找普通岗位人才和找将才的流程对比

2.企业处于更加弱势的地位

优秀将才每天接到无数猎头电话，是猎头"围猎"的对象，而优秀将才往往在现有岗位上如鱼得水，内心坚定，不轻易考虑外部工作机会。更重要的是，优秀将才凤毛麟角，是极其稀缺的战略性资源，正如"卧龙凤雏，二人得其一，便可得天下"。因此，企业在将才寻找方面往往处于更加弱势的地位，优秀将才处于强势地位。而大部分企业设计的招聘流程是用于招聘普通岗位人才的，处于主动状态和强势地位。

企业把用于招聘普通岗位人才的招聘流程和心理状态用于寻

找将才上，比如没有让将才对工作机会产生兴趣、谈使命愿景过少、快速生硬的面试、老板不出面、让高管直接回复决定等，这些都是企业找将才的硬伤。

3.高管排异反应更明显

排异反应是指异体组织或器官进入人体内，人体产生的免疫反应，危害身体健康，甚至危及生命。器官移植成功的前提是配型成功，才能减少免疫反应带来的损害。

企业空降高管失败率高达80%，主要原因是高管行为理念和企业文化不同产生的排异反应。高管排异反应比普通岗位人才更明显，因为他们有丰富的行业或专业经验，经历了较多的社会磨炼，形成了自己的固化价值观和认知，甚至有鲜明的个人特质或行为风格。高管加入和自己理念有差异的企业，是很难改变自己去适应环境的，排异反应更加明显。比如有些高管加入新企业后还把前雇主挂在嘴边，且不论这种表现是否合适，正说明其身上打上了前雇主的烙印。企业喜欢招聘大学生，主要原因是大学生普遍对职业和社会的认知还未成形，容易受到企业文化的熏陶，变成企业期望的模样，排异反应较弱。很多企业把大学生入职培训环节称为"入模子"，就是这个道理。

高管高排异反应决定了企业找高管不能只关注经验、能力和附带的资源，还需要特别注重对其理念和价值观的评估，这是评估标准中的否决项，而不是权重项，因为成年人几乎不可能改变自己的价值观。

高管高排异反应决定了企业不能遵循常规的面试流程。任何未评估到的盲点在高管入职后都可能变成"定时炸弹"，这就需要多种方式、多个面试官、多次交流，最大程度排除掉可能导致排异反应的因素。普通岗位候选人面试只需要上级、HR或更高级别的主管参与即可，而高管的面试不仅仅需要企业CEO和人力资源负责人参与，更需要下级和同级参与，提供多元化和多维度的建议。下级更关注高管候选人的领导力，同级更关注其协同能力和适应能力，这无论对于减少评估风险，还是对于高管入职后的融入都有价值。同时，这也使高管能够更多地了解企业文化。

4."坑"的大小要适应"萝卜"

企业招聘普通岗位，会根据岗位要求绘制人才画像，拿着画像去套，一个"萝卜"一个"坑"，因岗找人。比如你需要一个行政秘书，就会按照秘书画像去找人，按图索骥。这种找人模式比较适合确定性环境下的确定性岗位。而高管面临的是不确定的挑战，要带领团队应对复杂多变性的商业环境，不再是空一个"坑"再补一"萝卜"，不能僵化地根据"坑"的大小定职级和能力，而是考虑"萝卜"的大小，再调整"坑"的大小，甚至因人设岗。

高管岗位和高管人才是动态匹配的过程。如果企业要找一位财务高管，那么就不要过于纠结到底是找财务总监还是CFO。如果财务高管候选人不仅仅是财务高手，还是并购高手，让他统管财务和并购工作可能更合适。如果企业想找一位CFO，找到了一位财务总监候选人，其学习能力强、洞察力强、追求卓越，但没有融资经验，而CEO精通融资，这个时候，企业也可以考虑引进该人才，先做财务总监，再给予成长和锻炼机会，培养成CFO。

综上所述，找高管和找普通岗位人才的差异如表6-1所示。

表 6-1　找高管和找普通岗位人才的差异

对比项	找高管	找普通岗位人才
找人流程	CEO 是流程首要环节	CEO 是流程最后环节
强弱势状态	企业处于弱势地位	企业处于相对强势地位
排异反应	明显，不容易被改变	不明显，容易被企业改变
匹配程度	因人设岗	因岗设人

回到本章开始的案例，心理学研究发现，在沟通中，提问者是占据主动地位和心理优势的，一连串的提问会加大提问者和回答者的对立心理和情绪。在没有建立信任和兴趣之前，对高管候选人的僵硬面试提问会带来排斥效应，面试很难继续下去。初次面试更多的是沟通双方需求，CEO 多介绍公司愿景、文化和事业空间，激发高管候选人考虑新工作机会的兴趣与热情，了解高管候选人的风格和个人追求，"先交朋友，再成战友"，当然也可以聊聊高管的过往成就和行为故事，面试结束后根据初步评估结论再考虑后续的安排。

第六章 要用找将才的方式找将才

找将才要有备而来

找普通人才，只要有简历或信息就可以安排面试，直接沟通，通过面试来评估能力水平，最后再做背景调查。找高管的流程正好相反，需要先做背景调查，做好足够功课，再邀请对方面试。

企业主动找到高管，高管不太会主动接受对方一系列严肃的面试问询和细致评估环节，企业也很难在面谈中核实种种细节，追根究底。企业要提前规划面谈内容和重点，如果没有提前准备，在不了解对方的情况下贸然面试，会让对方感觉到不被尊重，较难形成信任关系。

因此，找普通人才，80%靠面试和性格测试等方式评估，20%靠背景调查；但找高管，20%靠面试和性格测评等方式，80%靠提前背景调查。提前准备工作决定了聘用工作80%的成败。企业需要提前做针对性的准备工作，做足背景调查，有备而来。刘备在三顾茅庐前就听水镜先生司马徽和徐庶举荐过诸葛亮，了解其运筹帷幄和经天纬地之才后才亲自上门，力邀诸葛亮出山相助。

企业在找将才前要花足够的时间了解对方信息，最大限度把功课做在前面，把风险降低在见面前，需要了解对方以下信息。

1. 成功之处

了解将才成功的经历、项目、故事、业绩,成功之处一定要有超过行业水平、历史水平、个人平均水平的代表作,并且承担的是核心角色,不是参与者。

2. 独特优势和长处

独特优势和长处是指别人不具备的,也是企业内部欠缺的能力。

3. 个人追求

个人的抱负是什么?有什么志向或愿望?动机是什么?这方面也是了解的重点。

这些信息可以通过行业人士、其服务过的客户、过去的上级或下级、合作伙伴等获取。一位 CEO 接触到朋友介绍的一位行业专家,但并没有马上贸然约见,而是用了一周时间,跑了 3 个城市,巧妙安排机会,不露声色地拜访了 5 位与该专家熟悉的上下级和合作伙伴,了解了其性格特质、个人特长、研究成果和家庭情况,掌握了其关键信息,才心中有底地约见其面谈,下足了功课,最后成功吸纳了该人才。

三 创造未来的能力

高管作为领导者要具备什么样的能力？学术理论界和企业实践都有不同的研究和总结，各有各的道理。现有的领导理论大概分为三大类：特质理论、行为理论和权变（或情境）理论。

领导特质理论以研究领导者的特征为主，试图找出领导者和非领导者的内在不同特点，总结出领导者的共同特质。美国行为科学家威廉·亨利于1949年调查提出一个成功领导者应具备的12种品质，包括成就动机强烈、干劲大、积极的态度等。领导特质理论总体倾向"领导力是先天的"，关注领导者固有的稳定特质。BigFive性格理论测试、Hogan人格测评、SHL职业性格测评都是典型的特质理论测评工具。

领导行为理论以研究领导者外在行为为主，提倡只要按照领导力的行为去做，就可以提升领导力。沃伦·本尼斯作为"领导力之父"，提出领导的四项基本原则：通过愿景管理注意力、通过沟通管理意义、通过坚持管理信任、通过倾注于积极因素管理自己。领导力大师詹姆斯·库泽斯提出了领导力的5大行为，即以身作则、共启愿景、挑战现状、使众人行和激励人心。两位学者都认为领导力是可以后天习得的。PDP和MBTI行为风格测试是典型的行为理论测评工具。

领导权变理论以研究领导者在不同情境下的行为变化为主，

领导者可以根据环境变化适当调整自己的行为，来达到领导目的。弗雷德·菲德勒是领导权变理论创始人，指出领导的有效性取决于领导风格和领导者所处情境的匹配性。情境因素包含三方面：领导者与被领导者关系的融洽与否；工作任务结构的明确与否；领导者职位、权力的强弱。

这三种领导力理论各有有效之处，同时也只呈现了领导力的一面，不能孤立地运用于实践之中。

领导特质理论强调"江山易改、本性难移"，认为领导力是先天特质决定的。

领导行为理论强调"本性难移、行为可塑"，认为领导力是可以后天练习的。

领导权变理论强调"江山本性、相互匹配"，认为依靠招聘和培训领导者来满足工作环境要求不是好办法，改变领导者所处工作环境的有效性，要比改变人的性格特征和行为容易得多。

领导特质理论适合人才招聘场景，领导行为理论适合人才培养场景，而领导权变理论适合企业文化和工作设计场景，实践中不能割裂看待三种理论，站在系统角度整合三种理论才是最有效的做法。如同要实现"上树摘果子"的目标，招聘猴子还是火鸡呢？毫无疑问，先招聘猴子，后训练其摘果子的动作，再加上激励和工具的使用，一定是事半功倍的做法。而招聘火鸡，急于求成地强迫其上树，又没有激励和工具支持，一定是事倍功半的做法。

因此，高管胜任标准≠高管招聘标准，很多企业制定的高管招聘标准有十几条之多，没有区分哪些能力靠招聘获得，哪些能力靠培养获得，哪些能力通过企业文化和工作设计可以激发，眉毛胡子一把抓，不仅导致条件繁多而无人可选，也浪费了大量的精力。

（一）高管甄选环节的能力标准

1. 不变的底层能力

高管面对的是更具有不确定性和复杂性的工作，要以确定性应对不确定性，而不是固守那些不断变化的知识和经验。过去的经验不能创造未来，因为环境、政策、条件都已经发生了变化。"火车跑得快，全靠车头带"，高管是引领企业发展的头部人才，因此，企业选高管，要注重那些不变的底层素质，如事业动机、敏锐洞察力等。

2. 不容易培养的能力

有些能力非常重要，比如沟通能力，但沟通能力是可以通过培训和练习提升的，是可以通过营造良好的沟通文化来激发的，可以在一定时间内（通常一年以内）通过快速学习掌握，不需要放到招聘标准中。高达十几项的领导力行为标准可以用在人才培养环节，不能不加区分地全部用于人才筛选环节。

3. 不选弱相关的能力

人的外向性和绩效正相关吗？除特殊岗位和场景，人的外向性在普遍情况下和绩效没有正相关关系。企业对高管抱有太高期望，会不自主地增加额外的标准，而实际上和绩效高度相关的能力才是面试环节评估的核心。

（二）高管创造未来的核心能力

高管不要过度关注过去，最重要的能力是导向未来，创造未来才是高管突破性的贡献。

我结合大量实践和研究，总结了高管创造未来的三项核心能力，分别是渴望挑战不确定、追求卓越不妥协和洞察要害不懵懂。

1. 渴望挑战不确定

渴望挑战不确定的能力，指的是躬身入局、全力投入、不计得失、勇于冒险、面向不确定性、实现抱负的能力；相关的能力、素质或精神有：创业精神、使命感、事业雄心、自燃型人才、冒险精神、理想主义、开放心态、求知欲。

普通岗位的工作方法有可遵循的规则，按部就班，计划行事，好过程往往会带来好结果。高管要带领团队，在企业战略大方向上探索路径和方法，应对变化类的工作占据绝大部分时间，要及时调整自己的状态。"渴望挑战不确定"能力强的高管，看到新的商业机会或可能性，眼中有光、心中有念，欣喜若狂。而该能力弱的高管，只会循规蹈矩，做过去擅长的事情，害怕变化，规避风险，讨价还价。

2. 追求卓越不妥协

追求卓越不妥协是指追求工作和事业的高标准，把事情做到最好，好上加好；相关的能力、素质或精神有：完美主义、精益求精、苛刻、工匠精神。

成大事者，没有追求卓越的精神是不可能有大成就的。高管要引领企业快速发展，必须追求超越过去、超越行业、超越客户需求的高标准。高管的标准低了，意味着自上而下，标准层层降低。追求卓越不妥协的高管擅长制定和当前资源条件不对等的高目标，不被现状束缚，不是有什么才去做，而是为了达到高标准或高目标需要突破，为了达成高目标不妥协不放弃。"追求卓越不妥协"精神弱的高管往往充斥着"差不多""就这样算了""缺乏条件和资源做不到""有什么就做什么""还是量入为出"等话语。

3. 洞察要害不懵懂

面临复杂的环境、冗余信息、急剧变化的趋势，高管需要一针见血看到事物的本质、规律和方向，切中事物要害，找到破局点，提纲挈领地解决问题，而不是人云亦云，眉毛胡子一把抓；相关的能力、素质或精神有：聪明、高智商、敏锐分析能力、洞察力、一针见血、第一性原理。

洞察要害不懵懂的高管擅长抓主要矛盾，不被事物表面现象困扰，能够化繁为简，取得事半功倍的效果。而该能力弱的高管，一将无能累死三军，乱指挥，打乱仗，盲目盲从，像无头苍蝇一样，忙忙碌碌，四处乱撞，团队疲于应对挑战，找不到破局点，解决问题事倍功半。

要强调的是，这种懵懂不是高管刻意表现出来的，不是伪装出来的，而是自然表现出来的状态，这才是最可怕的地方。

渴望挑战不确定、追求卓越不妥协、洞察要害不懵懂，这三项能力相互独立，没有交叉。

有的高管非常勤奋，也有奋斗的想法，但奈何工作标准不高，容易妥协，忙忙碌碌，很难取得大的成就。

有的高管洞察力强，但习惯规避风险，不愿意挑战不确定性。

有的高管追求工作高标准，但创新不足，只能停留在原有的领域中修修补补，也比较难有大的成就。

这三项能力由先天决定的成分更大一些，后天改变的难度高，它们都是底层特质，也决定了高管绩效，是高管不可或缺的能力。在录用决策时，三项能力至少有一项要达到高水平的标准，同时三项能力中不能出现短板。

高管创造未来的三项底层能力如表 6-2 所示。

表 6-2　高管创造未来的三项底层能力

对比项	做得好	做得不好
渴望挑战不确定	勇于挑战现状	甘于循规蹈矩
追求卓越不妥协	引领企业发展	阻碍企业发展
洞察要害不懵懂	事半功倍	事倍功半

四　可以有缺点，不能有缺陷

金无足赤，人无完人，对人不求全责备，不追求完人，但如果一个人身上出现影响绩效的缺陷，出现负面特质，就会导致人才脱轨，这是不能接受的。美国研究员摩根·麦考尔提出了"脱轨（Derailed）"一词，专指组织中高管因为各种原因未实现自身价值，最终被降职或开除，从而脱离了企业对其期望的轨道。

脱轨的高管

一家快速发展的民营企业从外企挖来一位负责技术的高管，该高管长期在外企工作，出身名校，技术经验丰富，为人真诚友善，谦逊稳重，易于相处。企业CEO面试该高管时沟通很愉快，印象很好，该高管在面试中提出自己不是事业心很强的类型，但会做好工作分内的事情。录用决策的时候，面试小组有成员对该高管能否适应企业快速的发展节奏提出质疑，但最终还是决定予以录用。

该高管入职后，与团队相处得很好，确实也解决了公司的一些技术问题。但其参与企业级的会议积极性不高，对于企业外派的一些培训，也提出申请不参加，理由是之前参加过很多次这种培训；对于部门之间的协调工作，希望按照流程办事，表示没有清晰的分工就很难开展工作。企业提出的高目标，该高管认为风险很大，条件又不足，很难做到。周末他基本上不参与企业的会议和活动，久而久之，该高管工作状态和企业的发展状态越来越不一致，也很难理解企业的要求和管理风格。最后双方都不满意，一拍两散。

上述案例中，高管为什么会脱轨？双方都有责任，就企业选择高管的角度分析，该高管缺乏创业精神，"渴望挑战不确定"能力弱，这就是决定其不能胜任的缺陷，是无法匹配该企业岗位需求的。

人可以有缺点，但不能有缺陷。个人在发挥和强化优势的时候，不能回避短板，尤其是有缺陷的地方。任何人都有不足，如社交能力、逻辑推理能力、演讲能力等方面的不足，而缺陷是指决定绩效或影响生死的阴暗面，比如自负、逃避、多疑等。如同一辆汽车，座椅做得非常粗糙，这个是缺点，而车轮和车身连接处缺了一个零部件，这就是缺陷，车辆行驶中就会出交通事故。缺点和缺陷都需要自身正确的认知，不能有盲点。缺点可以通过团队协作、自我提醒和限制等方式弥补，但缺陷是很难改变或弥补的。

高管脱轨不仅与个体的缺陷特质有关，也会受到外部负面环境的影响，或者是两者共同作用的结果。坏苹果放在好木桶里还是坏苹果，好苹果放在坏木桶里会变成坏苹果，当然坏苹果放在坏木桶里会变成更坏的苹果。但企业先选择"好苹果"无论如何都是一个明智的做法。

企业选择高管时往往被耀眼的光环吸引，而忽略了会导致

"一根火柴也能点燃一栋大楼"的缺陷特质。组织心理学家伊恩·麦克雷在《能力孵化》一书中特别强调："人们在选择高潜人才时往往仅仅关注到入局要素，但完全忘记了可能导致失败的出局要素。换言之，人们倾向于关注理想特质而完全忽略了导致人才误入歧途的负面性格。'出局要素'意味脱轨的特质，这些特质有很多，例如傲慢、偏执和情绪极度不稳等。它们都有助于识别领导者脱轨风险，却通常被忽略，不管在能力清单上，还是岗位说明书中，这些消极特质都鲜有提及。在此需要注意的是，忽略这些特质的后果不堪设想。"

高管缺乏有效的监督，权力空间更大，因此，高管因特质缺陷导致"脱轨"的可能性更高，危害更大，也更难弥补。如果在招聘端口就避免这些缺陷，而不是在高管入职后去修正，就可以避免损失，节省成本。

人格缺陷

著名心理学家罗伯特·霍根整理了人的 11 种阴暗面特质，也就是人格缺陷，这种人格缺陷不容易改变。霍根认为，大多数人身上都会有阴暗面，因此，有这种倾向也不必视其为洪水猛兽。但 40% 的人身上的 1 到 2 种阴暗面导致了职业脱轨，情况严重者须引起警示。霍根在《领导人格与组织命运》一书中描述了 11 种人格阴暗面（见表 6-3）。

表6-3 11种人格阴暗面

序号	阴暗面	描述
1	易激动	喜怒无常、多变、情绪不稳定
2	多疑	过度敏感，不信任他人
3	谨慎	小心、保守、厌恶风险，行动慢
4	冷漠	沉默寡言，不关注和不在乎他人感受
5	消极	表面上容易相处，私下固执、消极
6	自大	极度自信、自以为是、傲慢
7	狡猾	冲动，寻求刺激
8	表演狂	引人注意，有表演欲，人来疯
9	幻想	有创意，容易三心二意，古怪
10	苛求	完美主义，一丝不苟，要求严格，强迫
11	顺从	避免冲突，服从，无主见

我曾面试过一位世界500强企业出身的高管，其无论是简历还是面试中的表现都非常完美，找不到不足。但多年面试经验让我有这样的直觉：没有风险就是最大的风险。后来我做了深入的背调，发现其真实的离职原因是因明显的工作失误给企业带来了重大损失，而其在简历上却标注上级对其赞美有加的评价。

诚信度低是最大的缺陷，不可想象如果录用了不诚信的高管会给公司带来多大的损失。

评估高管，一定要关注其缺点和缺陷，可以尝试问自己一些问题。

① 如果现在就录用，我会放心吗？
② 候选人有哪些不足？
③ 可能还有哪些重要素质/能力没有关注到？
④ 我还有哪些担心？

⑤哪些方面可能是其不胜任岗位的关键？

⑥过去的经历中展现的不足是不是缺陷？

当然，发现候选人出现缺点或阴暗面并不用过度紧张，但严重者会变成缺陷，导致高管脱轨。

我总结了一个高管招聘标准，易于理解，便于企业使用。

高管招聘标准＝渴望挑战不确定 × 追求卓越不妥协 × 洞察要害不懵懂。三项标准每一项都是否决项，只要有一项标准出现缺陷，结果即为0，即使其他两项得分非常高，整体得分也为0，代表完全不符合胜任标准，不予录用。

五 引进将才的"555"方式

高管的特点，决定了引进该人才不能遵循常规的找人流程和方法。实践中，我总结出"555"方式，可以显著提升找高管的成功率。

第一个"5"：不要低于5次交流面试机会

高管往往自带光环，面试官不能"一见钟情"，更不要仅凭一场面试就做出决策。谷歌前首席人才官拉斯洛·博克在《重新定义团队》一书中写到谷歌4次面试原则。

谷歌研究发现，4次面试是性价比最高的选择。但是对于面试高管来说，4次面试显得有些仓促，因此我的实践经验是高管面试交流次数不少于5次。这5次面试交流，每次目的都不同，可以是吸引高管关注、激发高管兴趣、打消高管顾虑、评估高管能力、说服高管加入等。高管面试需要多次理性评估。好比一见钟情而闪婚，长久成功的概率总是低的，因为直接跳过了谈恋爱的阶段，把风险留到了结婚后。

第二个"5"：不要低于5种面试交流场景

高管沟通交流中，至少有一次是在办公场景下的职业沟通，除此之外不要局限于办公室，要尝试多种沟通场景。乔布斯通常喜欢和高管候选人一起散步，在散步中描绘苹果公司的未来和事业空间，在放松的场景中更有利于深入沟通，坦诚相待。

不同的场景有不同的化学效应，以下几种和高管候选人交流的场景可供参考。

1. 家庭聚餐

对于高管候选人来说，换工作无论对个人还是对家庭来说，都是重大选择。取得高管家庭成员的认可和支持，是说服人才的有利方式，同时也可以听听家庭成员对工作的建议。

2. 邀请高管候选人参与企业文化活动

为了吸引高管候选人，使其更好地了解企业文化和团队，可以邀请其参加企业文化活动，如文体活动、员工活动、文化仪式等。

3. 组织相关研讨会

企业在组织专业技术研讨会、营销转型会、战略务虚会等会议时，可以邀请高管候选人参与并发言，以便更好地了解其认知能力和专业能力。比如乔布斯为了说服斯卡利加入苹果公司，邀请斯卡利参加苹果管理人员的集思会，了解苹果创新产品。

4. 参与共同的兴趣爱好活动

人在工作场景和兴趣爱好场景展现的状态会有差异，CEO也可以发起和高管候选人同样的兴趣爱好活动，比如打羽毛球、跑步、登山等，在共同的爱好活动中，不仅拉近双方距离，有更多的共同语言，建立信任，也可以相互了解性格特质及工作外的另一面。

5. 专业工作场景

如果是一家连锁企业，CEO在连锁店和高管候选人交流，讨论连锁店的管理，沟通效果会更好。如果吸引一名营销高管，邀请其一起拜访客户，或者参与客户判断，沟通也会更有深度。专业工作场景更接近工作实战，能够引起共鸣，沟通更充分和深入，也有利于考察高管候选人。

第三个"5"：不要低于5人决策讨论

大学招聘教授，不是校长一个人拍板决策，而是由一个多位教授或职能人员组成的委员会来面试和决策，群体智慧远大于个人聪明才智。高管的特殊地位决定了要有更多的人担任面试官，参与高管的选聘决策过程。

谷歌提倡招聘岗位的下级参与招聘面试，认为下级的评估甚至比其他人更重要，因为下级未来要与高管候选人朝夕相处，同时，也可以防止任人唯亲现象。另外，谷歌补充"跨职能面试官"，确保从企业角度把控选人质量标准。如果有可能，请其他高管都参与到面试评估中，虽耗费时间和精力，但会大大提高找高管成功率。下级更多地考察高管领导力，而同级更多地考察其协作能力和与企业文化的匹配度，这对于高管选用决策是一个有益的巨大补充。我认为参与的面试官不能低于5位，可以是集体面试，也可以是一对一面试。

微软大中华区前董事长兼CEO梁念坚曾提到入职微软的细节，面试多达16轮！必须通过微软组建的6人面试决策小组一致同意，面试决策小组成员包括微软前CEO鲍尔默、微软亚太研发集团前主席张亚勤以及时任人力资源副总裁丽莎·布鲁梅尔等。而李开复加入谷歌前，虽然与谷歌 CEO 已是多年好友，但仍与 11 位不同职级面试官交流后才最终加入。

李开复加入谷歌的面试

2005 年，李开复担任微软亚洲研究院院长，非常想回到中国工作，2005 年 5 月初李开复拨通了谷歌公司 CEO 埃里克·施密特的电话："Hi Eric，我通过媒体看到你在中国将有很大计划，我们可以聊聊，因为我非常希望回到中国工作。"埃里克·施密特回答："我们真有很大的计划，尤其是你有兴趣，我们就有更大的计划了。"

李开复即使和埃里克·施密特是认识多年的朋友，仍然需要遵循面试流程。双方约定了面试的时间，谷歌对李开复的职业背景和能力已经很清楚了，因此，面试的重点是双方文化和意向的匹配。

面试后，李开复没有马上决定加入谷歌："这一天我见了 Google 所有副总裁、总裁和创始人，不过我并没有最终确定来 Google，因为这些事情听起来太好了，我都怀疑怎么有这样的'乐园'，我还需要调查。"后续李开复通过个人关系调查到谷歌的实际文化后，才决定加入。

当然，谷歌也在考察李开复个人的价值理念，把双方磨合的风险作为评估重点。

李开复加入谷歌的面试流程如表 6-4 所示，面试官除了 2 位创始人和董事长兼 CEO 之外，还包括工程部副总裁、产品管理部副总裁、工程与研发部副总裁、运营副总裁等各个部门的高管，此外还安排了下级或普通员工，包括软件工程师、研发科学家和高级产品经理。

表6-4 李开复加入谷歌的面试流程

面试安排 – 李开复			
5月27日星期五　　招聘人员：Caroline			
面试时间	面试官	职位	地址	备注
10:00-10:45	Niniane Wang	软件工程师	学院招聘区40栋2楼	
10:45-11:30	Eric Schmidt	董事长兼首席执行官	学院招聘区40栋2楼	
11:30-12:15	Bill Coughran	工程部副总裁	Michael's 咖啡馆	
12:15-13:00	Mike Cohen	研发专家	Michael's 咖啡馆	
13:00-14:00	James Mi	高级产品经理	Michael's 咖啡馆	共进午餐
14:00-14:30	Jonathan Rosenberg	产品管理部副总裁	Michael's 咖啡馆	
14:30-15:00	Sergey Brin	联合创始人兼技术总裁	Michael's 咖啡馆	
15:00-15:30	Larry Page	联合创始人兼产品总裁	Michael's 咖啡馆	
15:30-15:45	/	/	Michael's 咖啡馆	小憩（Caroline届时会过来登记）
15:45-16:30	Jeff Dean	谷歌研究员	Michael's 咖啡馆	
16:30-17:00	Alan Eustace	工程与研发部副总裁	Michael's 咖啡馆	
17:30	Urs Hoelzle	运营副总裁兼谷歌研究员	Redood城的John Bentley's餐厅	共进晚餐

（面试表格来源：李开复先生微博图片）

六　使用但不拥有

福特汽车创始人亨利·福特在100多年前有一句名言："本来只想雇一双手，每次来的都是一个人。"对于流水线上的体力劳动者，只需要使用双手按照生产流程作业就可以了（当然也需要热情），但为了雇用双手，不得不雇用整个人。对于标准化作业的岗位员工，只要雇用员工的工作时间，现场监督，按时考核，就可以产出工作成果。但对于作为知识管理者和承担指挥功能的将才来说，只雇用工作时间并不能保证工作产出，因为无法监控大脑工作效率和质量。人们经常听到的"没带脑子上班"说的就是这个意思，人虽在这儿，思维却飘向远方。

用顾问合作方式获得了全职雇用效果

一位企业CEO向我诉说了最近的苦恼。他找到了一位擅长销售运营的将才王总，跟踪和互动了半年时间，王总也认同企业未来发展方向，表示可以发挥自己的优势帮助企业提升销售运营能力，但短期不会全职加入企业。CEO坚信王总能够提升企业销售运营能力，所以做了好多说服工作，王总最终还是没有全职加入企业。CEO深受困扰，如果坚持全职雇用的模式，就会失去将才，如果采用灵活顾问模式，又感觉不安全。

我说道："你是想雇用他的大脑还是他的身体？"

CEO 回答："当然是他的大脑。"

CEO 最终采用了"使用但不拥有"的合作模式，王总以顾问的形式帮助企业提升销售运营能力，明确工作目标和每月工作时间，双方达成一致，半年后双方取得了皆大欢喜的合作效果。

企业需要的是将才的能量和能力，不一定非要让对方全职加入企业。企业如果只想着"拥有"将才才放心，那么可能就会把对方推出门外。"使用但不拥有"的将才合作模式包括顾问、导师、陪伴等灵活方式，企业可以打开用人边界和诸多限制，大量引进外部智慧经验和资源，使用外部取之不竭的人才资源。另外，将才短期不加入企业，除了客观因素外，还可能对企业的发展缺乏足够的兴趣和信心，采用顾问等灵活的合作模式，可以加深其和企业的互动程度，建立持续互动关系，强化信任，以最小的成本检验彼此的匹配程度，也是将才全职加入企业前的过渡方式。

企业找将才，往往会从"望眼欲穿"到"满脸悔意"，从"含情脉脉"到"怨恨交加"。找人难，找将才更难，因此，找将才就要用找将才的方式，不要偷懒和怀有侥幸心理。

本章关键发现

1. 目前流行的传统招聘方式和面试技巧,不太适合找将才,僵化使用这些方法可能会适得其反。
2. 高管排异反应更加明显。
3. 高管岗位与人才匹配原则:"坑"的大小要适应"萝卜"。
4. 创造未来是高管最核心的能力。
5. 高管胜任标准 ≠ 高管招聘标准。
6. 渴望挑战不确定、追求卓越不妥协、洞察要害不懵懂,高管录用时,这三项能力至少要有一项达到高水平,不能出现缺陷项。
7. 让下级参与针对高管的面试是有必要的。
8. 企业聘用将才时也可以采用"使用但不拥有"的方式。

CHAPTER 7

第七章 强企先强人,强人必先找人团队

"奈飞的战略逐渐演变成在内部创建一个招聘部门,一个顶尖的招聘部门,因为我希望尽可能招到那些顶尖的招聘人员。这不仅节省了大量的费用,还是高投资回报率的选择。"

——奈飞前 CHO 帕蒂·麦考德

▶ 人才复利——CEO先是1号找人官

一 不要只怪罪人力资源部

在一次大型企业集团内部管理会议上,各个部门负责人都在强调无人可用,因为人力资源部找不到人,导致业务目标没有达成。会议矛头指向了人力资源部,CEO批评了人力资源部负责人的不作为,不能为企业找到真人才。

在一次人力资源沙龙上,一位企业招聘经理诉说了自己的苦恼,目前企业用人需求量很大,CEO把他招进来专门负责人才招聘工作,要求每天汇报招聘成果,3周过去了,一个人都没有招到。第4周周会上,CEO脸色阴沉地讲道:"招人有找客户难吗?HR必须拿结果说话。"招聘经理在3周时间内做了大量的招聘工作,周末都在刷简历和约人面试,还通过各种渠道联系目标人才,面试了10余人,好不容易找到一个同意加入的女候选人,结果在办理入职手续的时候,候选人发现企业提供的宿舍是男女混住的套间,家人不同意,结果刚办理好入职手续又离职了。

企业薪酬偏低,工作环境差,未来晋升空间不明确,招聘经理发起的员工内部奖励推荐制度也没有效果,招聘经理做了详细的行业调查,并总结了3周内面试的候选人的诉求和面试记录,制订了招聘解决方案,主动约CEO汇报招聘进展和解决方案,结果CEO听了几分钟后说:"我找你来是解决问题,不是给我提问题，我不想听这些细节，我只要结果。"谈话不欢而散。一个月后，招聘经理无奈离职了。

企业找不到人才，不要只怪罪人力资源部，找人从来就不是 HR 一个人的事。有的企业换了好几位人力资源总监，折腾来折腾去，还是找不到真人才。企业要找到真人才，不仅需要 HR 努力，还需要企业提升整体找人能力，包括薪酬激励、雇主品牌和企业文化等，以及企业 1 号位和各级经理人的努力。在"抢人大战"的时代，别的企业都是用着最新的"武器"抢人才，你的企业 HR 还拿着"长矛"和"大刀"，无疑会被挤出战场，最多抢到几位找不到工作的伪人才。

只怪罪人力资源部，让 HR 成为企业找不到人的"背锅侠"，最多会让企业找到情绪的释放口，对于解决找人难的问题不会有什么大的帮助。企业必须从整体角度和系统角度破除影响找人的一系列障碍，以人才为中心构建找人体系，才能破解找人难的根本问题。

▶ 人才复利——CEO先是1号找人官

不要把招聘部定位为后台部门

传统企业会把部门结构分为职能部门和业务部门，现在流行的叫法是"后台部门"和"前台部门"。所谓职能部门或后台部门通常被认为发挥监督和管理作用，而非直接创造业务价值，难以量化直接产出。而业务部门或前台部门一般被认为负责营销、交付等业务，能够直接创造价值，可以量化业绩，是企业重点投入的部门。

后台部门得不到重视，人少钱少，最后影响企业整体组织能力，也限制了前台部门的壮大和发展。

美国奈飞公司（以下简称奈飞）前CHO帕蒂·麦考德在《奈飞文化手册》一书中写道："一个悲哀的事实是，大部分公司把招聘当成一个单独的、非业务的，甚至非人力资源的职能。很多初创公司把招聘工作外包，或者只在招聘部门里放一些做考勤、搞行政或安排日程的人。"人力资源部或招聘部不是职能部门，而是业务部门，甚至是战略性部门，如同生产部门要交付源源不断的产品、采购部门采购合格的原材料、销售部门找到更多的客户，人力资源部的贡献就是源源不断地找到更多人才，而不是做考勤、发工资之类的后勤工作。奈飞的口号是"永远在招聘"，人力资源部的持续贡献就是生产人才，永远找人。如果只选一个考核指标，人才就是人力资源部或招聘部最重要的考核指标。

当企业把招聘部门定位为前台业务部门的时候，采取业务思维的管理方式时，招聘难的困境就会迎刃而解。

1. 把找人工作作为经营会议的核心

企业经营会议大多是用大段时间讨论业务问题，会议快结束的时候，在参会人员疲惫不堪的时候，人力资源负责人才有机会把找人议题拿出来讨论一下，然后匆忙结束。找人也是业务问题，"才报"优于"财报"，经营会议先讨论人才问题，再讨论业务问题，先讨论驱动因素，再讨论结果差距，才能扭转经营困局。

2. 把找人指标作为绩效考核的核心

财务指标是管理者的核心指标，例如销售额、利润额、投资回报率等，人才指标更是和财务指标同等重要的指标，不仅仅是人力资源负责人承担找人任务，各级管理者都应该把找人指标作为核心考核指标。衡量一个管理者是否卓越，不仅仅看业务结果，更要评估有没有为企业找到优秀人才，找到多少个优秀人才，招兵买马是各级管理者的天然责任。

3. 把找人能力作为经理人培训的核心

企业总是倾向于帮助员工提高业绩的培训，找人能力是管理者的第一能力，每一位管理者首先要成为合格的找人官。找人都找不到，如何带兵打仗？面试都不会，怎么带团队？谷歌和麦肯锡咨询公司（以下简称麦肯锡）等卓越企业不仅把人才指标作为管理者的考核指标，也会把它作为晋升的核心任职资格，同时有科学的找人和面试培训课程、认证流程和考核要求。麦肯锡明确要求，没有经过面试培训就获得面试官资格证书的顾问，只能参与面试和做面试记录，不能在面试提问和发表观点。企业要提高找人和识人水平，必须建立一整套的找人和识人的培训、认证及考核体系，这样才能使各级管理者从"无证驾驶"到"持证上岗"。

大学之大在于"大师"，企业之强在于"强人"，而强人要强找人团队。企业要把招聘部建设成最强的战略性前台部门，"超配人才"是企业提升人才投资回报率的最佳杠杆点。

第七章　强企先强人，强人必先强找人团队

三　把招聘部升级为找人部

《重新定义团队》一书描写了谷歌建立内部人才搜寻公司的做法。

"最优秀的人并不在寻找工作。表现极为优秀的人在现在的工作岗位上很开心。满足感很强。他们不会进入人们的推荐人名单中，因为人们会想为什么要推荐一些在现在岗位上很开心的人呢？而且他们肯定也不会考虑新的工作。

于是我们重建了招聘团队。过去他们更关注筛选涌入的信息：筛选简历和安排面试。现在他们已经发展成一个内部人才搜寻公司，目标在于搜寻并培育出全球最优秀的人才。通过内部研发的产品 gHire——我们建立起来的一个应聘者数据库，辅以多种强化工具对应聘者进行筛选和跟踪。经过一段时间，甚至数年，数百名杰出的招聘人员发现并培育出这些优秀的个体。

结果每年我们聘用的人中超过半数是由内部人才搜寻公司找到的，这种方式比利用外部招聘公司的成本要低很多，对市场的认识更深入，同时为应聘者提供了一种更温暖舒适的经历。"

▶ 人才复利——CEO 先是 1 号找人官

美特斯邦威原董事总裁王泉庚去深圳视源科技参访学习，提到视源科技对人才搜索的重视："创始人孙永辉跟我们介绍，视源科技人力资源下属三个部门，其中一个是人才情报部门，专门收集、分析、跟踪行业优秀高端人才，对他们在企业的业绩表现、与老板的关系、与团队的关系、家庭情况、朋友情况都分析得非常详细，比他们的老板还要了解他们，包括他们近期是否开心、状态如何都了解得一清二楚。这家企业如此重视建立高端人才库，何愁会没有人才用呢？"

字节跳动为了满足巨大的人才招聘需求，内部建立了一个类似人才搜索公司的中台机构，目的是穷尽市场上的优秀人才。字节跳动对重点院校的重点专业本科学生搜索触达率在 80% 以上、硕士触达率在 90% 以上。另外，字节跳动的 HR 还承担着搜索简历和纳入公司人才库的责任。

企业招聘部不是花 90% 的时间收取简历，而是花 90% 的时间去打造找人永动机和主动搜索外部人才。建议企业把招聘部门升级为"主动找人部"或"人才搜索部"，强化主动找人职能，加大人才搜索力度，长期持续投入，不断增加企业才报上的人才名单，储备人才而不是储备现金，有"才报"才能有"财报"。

四 舍得让最强的人负责找人

既然大部分企业为缺人而困扰，

那为什么不让企业中最优秀的人来负责找人部门呢？

为什么宁愿花高薪来引进业务高手，却舍不得花钱引进找人高手呢？

很多企业为什么不请优秀的人才负责找人部门呢？大概有两个原因。

第一，企业本身人才就少。

有些企业只能把仅有的几个人才派到业务部门，先创造业绩。

第二，企业舍不得。

相对于营销、生产、研发等部门而言，职能部门的工作特性显得专业或能力壁垒没那么高。企业在考虑内部岗位调整时，不舍得把业务部门绩效最佳的人员调到职能部门。长期下来，职能团队很难汇集企业最优秀的人才。而实质上对企业而言，找人是战略性、开拓性工作，难度大且短期不一定有成绩，对从业人员要求非常高。

不少企业往往把做不了事、能力不够或从前台部门淘汰下来的人员安排到后台部门，后台部门变成了收容所，臃肿而力量薄弱，企业人力资源部或招聘部变成了"通知发放部""会议通知部""活动后勤部"等，把基础事务职能作为部门贡献，这是企业最大的误区。另外，企业找人部门的人员工资低，晋升慢，那么谁会愿意去找人部门呢？

于是久而久之，企业就一直被人才所困。

如果找人团队弱，怎么能指望能力弱的人找到能力强的人呢？

卓越的企业都会为企业人力资源或招聘部配备最优秀的人才，杰克·韦尔奇认为人力资源负责人应该是企业的二把手，任何企业都要任命有杰出领导力的人才担任人力资源负责人，谷歌为招聘部门配备了顶级的心理学家，字节跳动曾任命战略投资负责人和技术负责人负责人力资源。

奈飞前CHO帕蒂·麦考德在《奈飞文化手册》一书中写道："奈飞的战略逐渐演变成在内部创建一个招聘部门，一个顶尖的招聘部门，因为我希望尽可能招到那些顶尖的招聘人员。我从一家公司招来了杰西卡·尼尔，让她负责这支团队。建立一支优秀团队是一笔巨大的投资，但是我有一个无可辩驳的理由——我可以清楚地展示在扣除猎头费用后的投资回报是多少。公司后来节省了大量的费用。"

五 勇于超配找人团队

企业提高组织价值的关键是减少低价值岗位人员配置,控制辅助类岗位员工数量,增加战略性岗位人员配置。招聘岗位是企业的战略性岗位,不是普通的低价值岗位,也不是可有可无的行政辅助类岗位。

不少企业招聘部门的人员配置远远满足不了需求。

1. 缺失专职招聘人员

企业没有设置招聘部门,只有综合部门或人力资源部,招聘职能由行政人员或全职能的HR承担,该人员没有专门时间用来找人,只能利用空闲时间来搜寻简历和安排面试。同时,大部分行政事务和HR事务需要紧急处理,比如接待安排、会议通知、手续办理等,找人工作就变成了重要不紧急的事情,等紧急事情处理完了,也就没时间做找人工作了。小企业一般存在这种情况。

2. 缺少专职招聘人员

企业设置了招聘部门或专职招聘岗位,但与人才招聘需求相比差距很大,势单力薄,只能降低找人质量和速度。比如,企业一年招聘需求量是100人,至少搜集简历几万份,电话沟通上千小时,面试时间数千小时,再加上入职沟通等,招聘团队至少投入上万小时,需要几百天的工作时间,仅仅配置1名招聘专员是远远不够的。

先来看看卓越企业招聘人员和员工的配置比例。

谷歌招聘人员和员工配置比例达到了1∶64，谷歌甚至还采用了外部合作的招聘兼职人员。

字节跳动招聘人员和员工配置比例达1∶55，字节跳动在应对巨量人才招聘需求时，配置了超过5000名HR，而字节跳动HR长期唯一工作就是招聘。

华为招聘人员和员工配置比例也达到了1∶56。

很多企业配置了较多的销售人员，目的是源源不断地找到更多的客户，而要配置足够量的销售人员，仅仅靠几个招聘专员是不够的，如果配置过少，那么他们的日常工作只能被考勤、发工资、通知面试、安排面试等杂活占用，没有足够精力做高价值的找人工作。大部分企业因招聘人员数量不够和能力不足，导致招不到人，很少出现招聘人员配置多而找不到人才的情况，极少出现企业人才济济而业绩持续下滑的情况。

那么，企业应该配置多少专职找人人员呢？主要依据是人才需求量和人才质量，由于大部分企业都不会出现过度配置的情况，因此，大胆多配置一些专职找人人员，企业会有惊喜的收获。

六 善于使用外部专业人员

每年9月至10月是应届生招聘高峰，企业必须在秋招季完成全国几十所高校的招聘任务，收取简历从数千份到数万份，走访横跨数千公里分布的高校。时间紧、任务重，企业除了组建内部的找人团队，还可以借助外部专业机构和兼职人员力量。

1. 善于借助外部专业机构力量

1号找人官机构每年在9月至11月的找人咨询业务会爆满，主要是帮助企业训练找人官，提升各级经理人的面试能力，应对企业短期招聘高峰。企业校园招聘是一项战略性工作，大学生作为企业未来的苗子，能否选到好苗子直接决定了企业未来人才梯队和发展可持续性。引入外部专业机构力量提升找人精准度是一项高投资回报率的方式。

另外，企业也可以把招聘事务性工作外包给专业服务商，比如招聘广告设计和投放、面试场地的租赁和准备、测评试题的发放和统计分析等，但人才标准把控和录用决策等核心工作不能外包，要牢牢掌握在企业手中，并确保招聘策略和外包工作的一致性。

2. 善于使用兼职人员

企业可以使用兼职人员，例如和企业长期合作的猎头顾问，企业可以购买其工作时间，借用2~3个月的时间来补充企业招聘高峰期找人专员不足的需求。另外，企业还可以雇用学校的学生，采用兼职雇用的方式，承担在各个大学招聘启事张贴、招聘广告宣传、招聘宣讲会组织等事务性工作，减轻企业找人专员的工作量，聚焦高质量人员筛选和评估工作。当然企业必须对兼职人员进行统一培训，明确工作标准。

3. 善于借助相关方资源

企业还可以借助学校老师、就业部门、学校宣传媒体等资源，提高招聘效率，求得优秀人才。不少企业每年在暑假会组织各个高校老师前往企业参观考察，并举办一系列人才论坛等活动，使老师深入了解企业文化和用人标准，以获得他们的支持。

学校就业宣传媒体中，除了学校官方就业网站以外，还有一些有影响力的学校民间媒体，例如微信公众号、抖音号、就业实习群等，企业可以对目标院校的传播媒体进行调研，列出触达学生的自媒体资源，这些自媒体资源有比官方媒体更有效的触达面。企业可以花一些费用，取得合作，以扩大招聘信息渗透力和影响力，只需要一小部分费用就可以取得意想不到的效果。

七　将有限费用优先投入找人工作

当人力资源费用有限的情况下，你会如何做？

A. 优先投入到找人上。

B. 优先投入到培训上。

我们必须承认员工与员工之间的差距是巨大的。乔布斯2008年接受《财富》杂志采访时说："我过去常常认为一位出色的人才可顶2名平庸的员工，现在我认为能顶50名，我大约把1/4的时间用于招募人才。"大家可以评估下自己公司同一岗位的绩效差距，干练清洁工和普通清洁工的绩效差距可能是1.5倍，销售明星和一般销售员之间的差距可能是3倍以上，越是复杂岗位绩效差距越大，卓越CEO和平庸CEO差距是几十倍甚至上百倍。

员工与员工之间的差距在招聘时就决定了。坏孩子变成好孩子的故事充满新奇和期待，所以才能大范围传播，但这毕竟是小概率事件。同一学校里的同一班级的学生成绩为什么会有几十分的差距，他们都处于同样的环境中，同样的教材，同样的老师，同样的学习氛围，最主要的原因是个体差异，而这种差异在入学时基本就确定了。当然，同一批学生遇到好的老师和好的学习环境，平均成绩会有提升，但仍然改变不了个体间的巨大差距。

同样的道理，不同的员工在同样的岗位、同样的激励条件、同样的工作环境下，业绩相差巨大，这种巨大的差异在招聘时就决定了。企业往往对培训的价值抱有非常高的期待，但是我认为培训的作用不是让不合适的人变成合适的人，而是给予合适的人更多的磨炼机会，给予高意愿的员工方法，加速合适的人的成长速度，这才是培训的最大价值。企业选择不合适的人，希望通过培训将其变成合适的人，这样做不仅是低投资回报率的选择，让一个不擅长本项工作的人发挥他的劣势，也是对不合适的人的不负责。

招聘到优秀的人才是一项高难度的工作，但不能因为难而选择错误且容易的代替工作。

因此，企业要将有限的费用优先投入找人工作。企业通常做出足够的培训预算，但很少会做足够的人才招聘预算，即使做预算，也通常是开通几个招聘网站的费用或偶尔几个关键岗位的猎头费用。《重新定义团队》一书中强调，谷歌每年在招聘上投入的资金占人力预算的比例是其他企业平均水平的两倍。在资源有限的情况下，将企业的人力资源工作重心聚焦于招聘工作上。谷歌认为此举几乎比任何培训项目带来的回报更高。

找人是人才的入口，如果人找错了，培训都是浪费资源而已，不要指望把伪人才培养成真人才。优秀的企业选择 A，平庸的企业选择 B。CEO 要在找人上投入足够多预算，把钱花在提升经营效益的杠杆点上。找人费用包括找人官的培训和认证、找人渠道的拓展、雇主品牌的塑造、内部推荐的奖励等。

本章关键发现

1. 找人是一项系统性和整体性工作，HR要承担责任，但不能只怪罪人力资源部。
2. 招聘部不是后台部门，而是源源不断提供人才的业务部门。
3. 招聘部90%的工作是主动找人而不是坐等简历。
4. 勇于超配找人团队，把找人团队打造成最强的部门。
5. 学会借助外部力量提升找人能力。
6. 在费用有限的情况下，优先把费用投入找人工作。

第八章 打造找人永动机

CHAPTER 8

"永远在招聘!"

——奈飞

▶ 人才复利——CEO 先是 1 号找人官

人才长青，基业才能长青

在一次 CEO 私董会上，主持人征集讨论议题，让 CEO 提一个困扰自己的难题，14 位 CEO 中有 7 位提到了企业缺人才的难题，3 位提到融资难题，1 位提到企业接班人难题，其他 3 位提出市场开拓难题，经过层层剥洋葱式的研讨，会议最终的结论是，人才是影响融资和市场开拓的关键因素。为什么缺人是企业持续的痛点，一直得不到改善呢？

各位 CEO 看似在提困惑，其实已经给出了答案。

① "我一般急需人的时候，才会去找人，一急恨不得找个人明天就能入职。"

② "我们这个行业成熟人才很少，HR 去找人还是比较难的，我又抽不出时间去找人，一些项目要求高，其他人要么干得太慢，要么干不了，我只好亲自上阵。"

③ "前段时间，有一位人才主动找到我，想加入我公司，我也和他谈了，双方都谈好了，最后也没来，我也没继续跟进。"

④ "我们队伍平均年龄都接近 40 岁了，过去几年也没补充年轻人，有点人才断档。"

⑤ "我好不容易找了一位技术主管，能力还是不错的，但最近体检，身体查出了一些毛病，要休养几个月，岗位又空缺了，找了几个月还没找到合适的。"

⑥ "我现在最焦虑的不是企业做大的问题，而是企业做久的问题，我的孩子不愿意接班，内部管理层又没有合适的接班人，企业接班面临断掉的危机。"

可以看出，大部分的企业都遇到过人才断层和断代的危机。

古今中外，王朝灭亡有众多的原因，而帝王无子女或子女少弱是其中原因之一。一般来说，开国君王子女最多，越往后传承子女越少，甚至断代。

宋朝开国皇帝赵匡胤有4个儿子；宋太宗有9个儿子；宋神宗一共有14个儿子，8个儿子夭折；宋徽宗所生儿子中活到成年的有25位，除了这几位皇帝外，宋朝皇帝大部分都出现了子嗣不多或早夭频繁的情况。

明朝开国皇帝朱元璋光儿子就有26个，但到了明末，明神宗和明光宗子嗣也多早夭，明熹宗时则出现了皇位无子女继承现象。

清朝康乾盛世时，康熙有35个儿子和20个女儿，乾隆有17个儿子和10个女儿。但越到后面，清朝帝王所生子女越少，清朝咸丰皇帝只有两子一女，同治、光绪、溥仪，均没有任何子女出生。

而西方王朝无子女断代的现象也不在少数，当然这里面有近亲结婚和政治斗争等复杂因素。

现在企业治理和传承制度已经有巨大的进步，而且很多企业也不一定由创始人子女来传承，可以采用合伙人制和职业经理人制等多种方式。企业要做大，靠人才；企业要做强，靠人才；企业要做久，仍然要靠人才。

吉姆·柯林斯在《基业长青》一书中描述了高瞻远瞩的企业

都有良好的传承制度，能够持续选拔出一代又一代自家培养的杰出CEO。吉姆·柯林斯称之为"领袖连续性循环"，即包括"管理发展及继承人规划、强有力的内部人选和内部卓越领袖的连续性"三项关键要素，"缺少这些要素中的任何一个都会导致管理断层，迫使企业到外部寻找CEO"，而对照企业与高瞻远瞩企业的"领袖连续性循环"形成了鲜明的对比，我们将这种模式称为"领袖断层"和"救世主综合征"。

企业基业长青的代表——宝洁公司建立了人才长青的传承机制，《基业长青》一书中展现了宝洁公司前CEO尼尔·迈克尔罗伊的解释："我们培养未来管理人才的工作……年复一年地进行，不论景气与否。要是不这样做，若干年后我们就会有断层，而我们承受不了断层。"

这些基业长青的企业倾向内部选拔CEO，我想强调的是内部选拔的CEO从何而来呢？归根结底，还是来源于企业早期招聘的青年人才，每年都持续招聘到CEO好苗子，再通过内部培训和晋升，最终成为下一代的CEO。而在任的CEO则来源于几十年前的青年人才。基业长青的企业建立起的无形人才制造机器，生产出一代又一代的CEO，保持了人才长青，企业才能长青。而对照企业为什么倾向去外部寻找CEO，从而导致传承动荡呢？我想这才是需要企业思考和规避的，根源还是在于人才招聘。对照企业经常中断人才招聘工作，每个层级青黄不接，人才"常黄"，而不是人才长青，最终内部选不到胜任的CEO，只能紧急去外部招聘。而外部招聘的难度极大，成功率极低，最终导致企业选错CEO，无法传承下去。

春去秋来，寒来暑往，学校每年会送走高年级的毕业生，迎

第八章　打造找人永动机

来低年级的新生，每个年级会自动晋升到下一年级，除此之外，学校为了保证入学学生质量和教学质量，会建立学生入学考试制度，不需要讨论每年要不要录用新生，这已经是学校的常规动作和流程。

一个国家的军队能保持钢铁般的战斗力，保持预备役民兵、职业士兵、职业将官等人才不断层，是因为建立了新兵入伍和老兵退伍的循环机制，即使今年军队数量达到要求，士兵平均年龄达到要求，军队仍然要新增年轻士兵，如果每年没有年轻士兵加入，5年后就会出现人才断档。为了确保新兵征召质量和老兵退伍事务安排，国家或军队会设立专职士兵征召部门和退伍事务部门，以做到专人专事。

不变的学校，流动的学生；铁打的营盘，流水的兵。学校和军队已经建立了持续的选拔机制，保持每年的新人进入、持续晋级和老人退出的人才循环机制，像永动机一样持续运转，源源不断地为学校和军队输送人才，不会因为校长的更换而中断，也不会因为指挥官的意志而停止。

二　永远不要停止找人

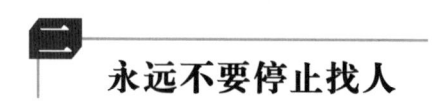

你的企业从什么时候开始找人？

A. 岗位空缺时。

B. 无论是否需要都在持续找人。

如果你的企业采取 A 做法，大概率是不能及时找到真人才填补岗位空缺的，就如同篮球比赛时，场上队员受伤而替补席没有板凳队员一样。

企业只有采取 B 做法，不断增加找人名单上的候选人，才能做到有备无患，及时填补岗位空缺。

农夫春天不播种，秋天就没有收成。企业一年内没有找到真人才，就会在十年后出现人才断档。

企业不仅不要停止找人，还需要寻找高能级人才，并把此项作为对各级管理者的考核要求。各级找人官在每年年底述职时，必须要回答以下四个问题。

① "我今年为企业找到了哪几个高能级人才？"

② "和现有人才比，新进来的人是不是比之前的优秀？"

③ "和业务需求比，人才是不是引领业务发展？"

④ "和外部顶尖人才比，目前人才是不是行业或专业领域最优秀的？"

经济下行周期也不要让人才断档

在经济下行周期，外部环境愈加严峻的情况下，企业要活下来，降本增效是共识的常用做法。然而一刀切地裁员降薪、冻结招聘计划、削减成本，有可能会让企业陷入更加被动的漩涡中。

企业的"企"字，上面是"人"，下面是"止"，意思是企业没有人才，便无法生存，人才决定企业成败。越是经济危机，企业越需要人才。有条件的企业，除了用好内部人才外，也可以寻找外部优秀真人才。

在经济下行周期，寻找人才至少有以下几点好处。

1. 低成本"捡"到优秀真人才

经济上行周期，各家企业都在争抢人才，抬高了人才的薪资标准与心理预期，出现人才泡沫。不少企业抱怨刚毕业两三年的候选人狮子大开口，期望薪酬远超过本身创造的价值。这个时候，薪酬是由市场供需决定的，不是其创造的价值决定的。要找到优秀真人才，就必须给出超过市场水平的薪酬。但经济下行时期，人才泡沫会被挤掉，可以以低于经济上行周期的薪酬吸引到同样优秀的真人才。

2. 激活组织能力

流水不腐，户枢不蠹。经济危机一来，有的企业部分员工陷入被动等待和"躺平"的状态，此时引进外部人才，使人才流动起来，组织才有活力。我曾经在某家企业参访时，偶然碰到两个员工在茶水间聊天，一个员工小声说道："今天入职了几个新人，看来老板要动真格的了，不努力就会被淘汰掉。"如同鲶鱼效应，引入新员工也可以激发老员工的危机感。

3. 打开组织能力边界

经济下行周期，企业不能只是降低成本，更重要的是思考如何突围，寻找新的机会。引进外部人才可以带来新的认知、新的能力和新的举措，打开组织能力边界，吸收外部的能量，帮助企业走出危机。

4. 为危机后的增长储备人才

2008 年全球经济危机影响了众企业的扩张步伐，某行业头部企业停止了当年的校园招聘和社会招聘计划。经济危机过后，该企业又启动了全国快速扩张计划，派出干部筹建分公司。2015 年出现了中层干部密度被稀释的问题，部分地区内部无人可派，外部来不及招聘，错失了部分商业机会。企业复盘总结，制定了危机时的人才招聘策略：可减少人才招聘数量，但不能停止寻找优秀真人才。

当然，我不是鼓吹企业面临困境的时候仍然要增加成本来找人，而是不要一刀切地盲目冻结人才招聘计划。卓越的企业在人才投资上，永远不妥协。经济下行的时候，企业采用"腾笼换鸟"的策略不失为一种选择。"腾笼换鸟"是指企业要持续找到优秀真人才，同时持续淘汰掉低水平的员工。一边在裁人，一边在招人，这样在保持人员总数不变的情况下，企业收益和员工个人收入都能得到保障。

以下是给企业的三点提醒。

① 永远不要停止寻找人才。

② 永远不要损失人才。

③ 永远不要忘记第 1 条和第 2 条。

持续做到这三点，企业就可以人才辈出，良将涌现，彻底解决无人可用的困境。

三　让人才留下来，更要让人才流动起来

企业一旦自我封闭起来就会降低组织活力，比如组织臃肿、惰性增加、奋斗精神丢失、观念难改、创新不足、动力不足、组织土壤板结程度加重等。一提到提升组织活力，企业想到的就是加大激励力度，其实在该举措之外更关键的是要让人才流动起来，有进有出，让优秀的真人才进来，落后的人才出去，才能打破企业的封闭系统，保持组织活力。

我们从企业年度人才流入和流出的几种数据类型，就可以评估组织活力强弱。

（一）人才流入和流出的相对数量比较

1. 人才流入大于流出

人才流入大于流出，意味着企业一年找进来的人数多于离开的人数，员工总数在增加。一个处于业务扩张期的企业，需要年度人才流入数量大于流出数量，否则无法支撑企业业务增长（除技术手段节省人力的因素），尤其是人才密集型的行业，如果企业人才总数一直没有增加，就会变成业务增长的瓶颈。

2. 人才流入小于流出

人才流入小于流出，意味着企业一年找进来的人数小于离开

的人数，员工总数在减少。正常的情况下，这不仅仅降低组织活力，也会使企业不断萎缩，甚至走向消亡。假如企业5年前是100人，每年流失的人才数量都大于人才流入，那么5年之后可能只有50人，除了业务转型或技术升级因素，企业就会处于衰落阶段。

3. 人才流入等于流出

人才流入等于流出，意味着企业一年找进来的人数等于离开的人数，员工总数保持不变，这要分为以下三种情况来看。

如果企业处于扩张期，那么这样的数量对比和业务需求是很难匹配的。

如果企业处于危机期，需要加大人才的流出，那么这样的数量对比也难以达到企业降低成本以度过危机的要求。

如果企业在保持人才数量总数不变的情况下，把差的人才替换成优秀真人才，人才密度提高了，也能够提升组织活力。

（二）人才流入和流出的快慢比较

人才流入和流出的快慢，指找进一个人和解雇一个人所消耗的时间。找人和解雇的时间将会影响人才的决策和组织活力，比如找人的周期是3个月，那么解雇人才的时间也会拉长，因为解雇人才后不能很快找到人来顶替的话，就会影响业务节奏。

当然企业不能单纯地追求人才流动的快慢，还要遵循找人才的成效。找人太快，选错伪人才概率高，找人量越大，找人速度越快，找错的人越多，企业的组织活力降低得越快，损失越大。

第八章 打造找人永动机

谷歌在人才招聘方面坚持的原则是"慢工招人才",谷歌前首席人才官拉斯洛·博克在《重新定义团队》一书中写道:"我们的招聘机器就像冰川运动一般缓慢。得到谷歌的聘用可能要用上6个月,甚至更久,应聘者拿到工作机会之前可能要参加15~25次面试。"谷歌内部也有人质疑招聘速度太慢,谷歌为了加快招聘速度而做了尝试,缩短招聘周期和流程,甚至在大学开展过为期一天的招聘,最后发现,"快速的招聘流程没有实质性地提高应聘者的应聘体验,也没有提高应聘者接受我们工作邀请的比例,因此我们的关注点仍然在于探寻方法聘用我们可能忽略的人,而不是加快招聘流程。"

与慢招聘相比,卓越的企业在解雇人方面采取的都是"快炒人"。管理大师吉姆·柯林斯总结了卓越企业用人的三项原则,其中第二原则就是"一旦发觉换人之举势在必行,就当机立断"。但是在企业实践中,快流出对于绝大部分管理者都是一个非常巨大的挑战。著名的人才决策专家费洛迪认为,拖延是形成人才决策情绪陷阱的第一条因素,他在《合伙人》一书中提道:"我们大多数人不擅长果断地让不合适的人离开。""为什么解雇员工如此困难呢?三种强大的心理因素在和我们对抗:拖延、规避损失以及同情心。"另外,企业还往往抱有幻想,希望给不合适的员工机会,使他能够变得优秀,但大部分情况下,这都变成了拖延解雇人的自说自话的借口。

卓越企业的做法是"慢找人,快炒人";

普通企业的做法是"快找人,慢炒人"。

从人才流入和流出的快慢维度,可以把企业分成四类。

1. 快找人，快炒人

快找人，快炒人，人才大量涌入又大量流出，招聘粗放，先让大量的人进来，再采用赛马机制，依靠严格的绩效来快速淘汰业绩低的人，没有包容和培养的环境，人员流动大，这种方式使企业的组织进攻性很强，成本也高。

2. 快找人，慢炒人

快找人，慢炒人，招聘不注重筛选，使不合适的人大量涌入，企业又不会主动快速地淘汰不合适的人，导致其长久在企业待着，难以创造价值，又不会主动离开，企业损耗成本高，效率低下。

3. 慢找人，快炒人

慢找人，快炒人，招聘注重精挑细选，选择优秀的真人才加入团队，提升团队整体能力，宁可漏聘而不错聘。即使不合适的人进入企业，一旦发现会快速淘汰，不断让优秀真人才加入和不断解雇不合适的人的方式能够建立起组织优势，提高组织活力。

4. 慢找人，慢炒人

慢找人，慢炒人，人才招聘注重质量而非数量，能够保证企业招聘到优秀的人才，但是解雇慢，会使漏网之鱼或个人发展速度慢于企业的人变得越来越多，组织活力也会慢慢下降。

（三）人才流入和流出的主被动

人才流入和流出的主被动，是从企业主动还是人才主动的角度分析，比如人才招聘，是人才主动投递简历还是企业主动找人？是人才找不到工作才选择了企业，还是企业有人才可选？是员工找到更好的职业机会淘汰企业,还是企业主动淘汰不合适的员工?从这个维度,也可以把企业分成四类。

1. 企业被选择和被淘汰

企业找不到优秀的真人才,能找到的人选找不到更好的企业,即企业被选择。企业从来不会主动淘汰员工,即使想,也担心不能确保找进来的人比淘汰的人强,因此最后都是员工找到更好的机会后离开企业,即企业被淘汰。如果属于这种情况,毫无疑问,企业不仅仅没有组织活力,还会影响生死存亡。

2. 企业被选择和主动淘汰

企业找不到优秀的人,好不容易招到一个人,这个人可能找不到更好的企业,即企业被选择。企业坚持高标准用人,会主动淘汰不合适的人,导致企业越做越小,人数越来越少,很难持续地扩张和发展。

3. 企业主动选择和被淘汰

企业能够主动找到优秀真人才,但企业文化、管理方式、发展通道等问题使人才很难留下来,优秀真人才进入企业后又选择主动离开,导致企业很难沉淀出优秀的真人才。

4. 企业主动选择和主动淘汰

企业能够主动找到优秀的真人才,为己所用,也能够主动淘汰不合适的伪人才,人才质量不会因为流动率大而降低,这是能提高组织活力的最好方式。

企业存在的价值不是保留人才,而是人尽其才、才尽其用,如果人才已经不适应企业了,让其离开去找更好的施展能力的机会才是对人才和企业的真正负责。因此,企业不用过度担心人才流动带来的负面影响,只要保证人才流动有利于提高团队质量就行。正如吉姆·柯林斯的观点："离职率的高低没有好坏之分，关键是每次人员更替之后，公司整体人员水平有了上升。"

所谓流水不腐，户枢不蠹，说起来容易做起来难度极高。平庸企业的人才是静止和僵化的，人才的流入、晋升和流出是静态的，当然很多CEO除了缺乏淘汰人的决心与勇气外，更重要的是缺乏找到优秀真人才的能力，导致企业无法淘汰不合适的员工，找人被动，管控失控。

四 打造"将帅如云"的永动机

我经常在企业 CEO 论坛或商学院讲课中询问以下几个问题。

① 用在找人上的时间超过 50% 的请举手。

举手示意的不到 20%。

② 企业经理人中的合格面试官超过 50% 的请举手。

举手示意的不到 10%。

③ 不少企业设置了投资委员会、战略委员会、项目管理委员会、薪酬委员会等,企业有招聘委员会或面试委员会的请举手。

举手示意的不到 5%。

④ 如果有招聘委员会,能正常运转并富有成效的请举手。

举手示意的不到 1%。

《重新定义团队》一书中描写了谷歌董事保罗·欧特里尼的总结:"最令人钦佩的是,谷歌的团队打造了世界上第一台自我复制的'人才机器'。谷歌建立的体系不仅能够招聘到非凡的人才,而且这些人才能够与企业同发展,使每一批员工都更加优秀。"各个企业都会盯着卓越企业的人才,花费数倍代价挖走人才,但为什么卓越企业没有因为人才被挖而倒闭?根本原因在于其建立了人才复制机器,持续地引入和培养批量人才,其他企业可以挖走个别人才,但是挖不走人才复制机器。

▶ 人才复利——CEO 先是 1 号找人官

吉姆·柯林斯在《卓越基因》一书中总结了 3G 资本的成功模式："雷曼和他的合伙人致力于打造'人才机器'，招聘和培训更大规模的员工队伍，吸引雄心万丈的年轻领导者，把他们分派到各个工作岗位上去。他们的根本'战略'是找到激情澎湃、有上进心的年轻员工，把他们放到极端精英主义的文化中，用大胆的工作目标挑战他们，与他们分享业绩——他们把这种战略总结为'梦想—人才—文化'。雷曼和他的合伙人知道，最终进军什么行业并不重要，重要的是拥有足够多的优质人才，他们具备适宜的文化基因，有能力赢得巨大的商机。这才是第一位的，也是最根本的。"

人才的可持续才能保证业务发展可持续，人才长青才能基业长青。

企业都有采购制度、费用审批制度和财务管理制度，而找人制度要么缺失，要么只是摆设，要么被随意打破，大多数企业的找人流程和制度是为了填补岗位空缺，而不是为了找到优秀真人才而建立人才复制机器。企业重复地犯找人错误，失败没有转化为显性经验，偶尔找到优秀真人才的运气没有转化成可持续成功的做法，这是企业缺人的根本因素。

企业无论大小，只要存在或发展，就需要建立匹配的"找人机器"。企业缺人的关键原因是没有制造出自我复制人才的永不停止的机器。不少企业找人没有规划和持续地投入，只看短期，不着眼长远、头痛医头、脚痛医脚，没有科学的流程和持续的动作，就永远处于缺人的状态。

（一）找人永动机的三个保障

找人永动机不会受岗位是否有空缺、管理人员是否有时间、招聘需求有多急切等因素影响运转。大部分企业都没有建立起找人永动机，要打造找人永动机，需要建立三个保障前提（见图8-1）。

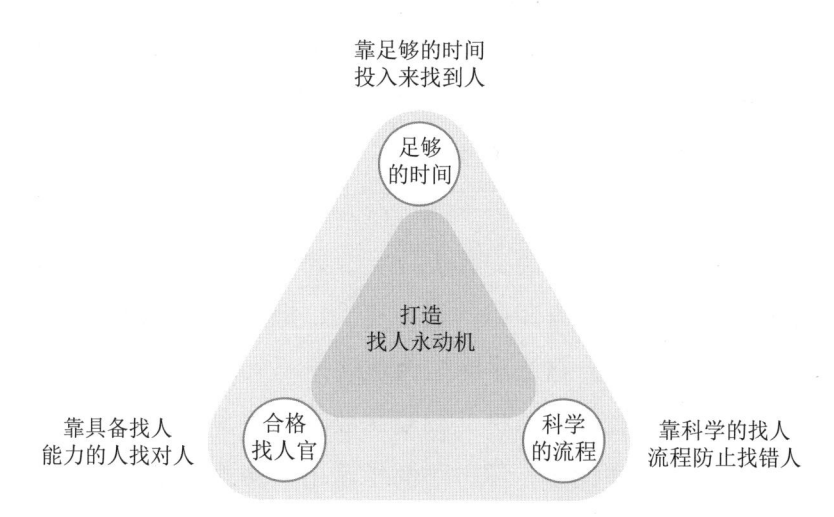

图8-1 打造找人永动机的三个保障前提

1. 靠足够的时间投入来找到人

时间是检验企业是否重视人才的标准。我们来看下面这两个问题。

① 作为CEO，您是否重视人才？

② 您在找人上投入了多长时间？

如果问100个CEO是否重视人才，他们都会说重视，因此，第一个问题的答案不会有区别，而第二个问题的答案就千差万别了，能够鉴别出CEO是真重视还是假重视。如果你觉得找人非常重要，又不愿意投入时间，就自欺欺人了。

把时间投入健身，就会有健康的身体；把时间投入读书，就能收获更多的知识；把时间投入交际，就能有更多的朋友……时间投入哪就会在哪取得成就。各级找人官在找人上至少要投入20%的时间，不是等需要人才时再投入时间，而是长期持续地投入时间，这是成为一名优秀找人官的前提条件。越是优秀的找人官，在找人上投入的时间越多，最后受益越多。

如果连时间都不舍得投入，是无法保障找到人选的。要解决找人难的问题，时间投入增加一倍，就会有惊喜的收获。

2. 靠具备找人能力的人找对人

采购商品要让懂的人去采购，找人也是采购行为，优秀找人官和普通找人官的找人能力相差巨大，要靠具备找人能力的人才能找对人。普通找人官犯错的概率更大，把真人才拒绝在门外，把伪人才误找进门，这几乎能把企业毁掉。

企业要建立找人永动机，要复制数量足够多的合格找人官，并形成培养体系和流程，源源不断地输出合格找人官，而不是依赖某个"专家"。

需要注意的是，找人官不是企业人力资源部的招聘经理，而是各级管理者。招聘经理的主要职责是培养和赋能找人官，而不是代替业务管理者去找人。遗憾的是，大多数企业招聘经理的角色定位是错误的，越俎代庖，束缚了企业的找人能力。

3. 靠科学的找人流程防止找错人

科学流程鉴别出 1 个快要录用的伪高管

作为行业排名第一的某上市企业的管理顾问，我会经常参与该企业的高管面试和决策，给出第三方建议。有一次，针对一位曾在世界500强企业工作的高管候选人，CEO和CHO的面试结论是相反的，CEO觉得可以用，CHO觉得离岗位要求还是有差距。用错一个高管不仅影响企业业绩，还会打击士气，CEO和CHO在意见难以达成一致的情况下，邀请我参加了加试环节。我不是"江湖术士"，也不是"相面先生"，无法只靠一场简短的面试就给出准确的建议，这对候选人也是不负责任的做法。

我："目前找人流程到了哪一步？"

CHO："猎头推荐了候选人，我觉得简历还不错，我聊过了，昨天也请CEO聊过了，现在看法不同，这个职位还是挺重要的，所以想邀请你再面试看一看。"

我："意见怎么不一样了？分歧点在哪方面？"

CHO："这位候选人的经历还是不错的，名校毕业，一直在某世界500强企业工作，我是觉得他还难以承担企业职能一把手的管理工作，CEO觉得他有亲和力，也善于沟通，能够很好地融入公司。"

我："企业找这个岗位的目的是什么？要解决什么问题？"

CHO："我们就缺这样一个岗位，以前是其他高管分管的。"

我："有没有面试记录？"

CHO："没有。"

我："有没有做测评？"

CHO："没有。"

我笑着说："没有人才评估的流程和依据，我可不是'算命先生'啊。"

CHO："一急就老想着快点找，把找人的流程和方法都忘掉了。"

股神沃伦·巴菲特说过三条投资铁律："第一，不要亏损；第二，不要亏损；第三，牢记第一和第二条。"如果投资决策是源于"我觉得……""我听说……""别人告诉我……"，投资基本会失败。找人比投资更重要，更需要理性。

回归理性，我和CEO、CHO一起重新梳理和明确了岗位画像，并请候选人做性格特质测评，发现其变革推动能力、领导团队能力和追求卓越素质并不是很高，尤其是变革推动能力，加试中发现其除了亲和力、谦虚、坦诚之外，没有其他亮点。一个高管，假如只能用"他是一个好人"来评价，就是"不胜任"。企业需要的是一位胜任的领导者，而不是一个"好人"。加试结束后，我们的意见趋于一致了，觉得还有一些惋惜和迟疑，决定再做背调验证下。正好CEO认识该候选人前一份工作的CEO，于是打了电话，该候选人前任CEO评价：因为当时面试看重他的世界500强经历，给的工资很高，但是其推动变革能力和执行力很一般，最后才让他离开。背景调查再次验证了面试结论，最终企业做出了不予录用的决策。

流程的作用不是提高效率，而是降低风险。找对人要靠找人官，防止招错人要靠科学流程。

南郭先生不会吹竽，却能够混进齐宣王三百人的吹竽乐团滥竽充数，就是因为后者缺乏挑选和考察流程。齐湣王喜欢听独奏，于是南郭先生就混不下去，卷铺盖溜了。齐宣王没有建立辨别人才的流程，导致找错了南郭先生，而现实中，企业找人也经常犯同样的错误。企业重要的是找对人，而不是求速度，快速地找错人。找人官看到自己认为的真人才，如果越过找人流程，跳过面试、测评、背调等环节，每节省一个环节就会增加一道风险，误选人的概率就会大大增加。企业HR经常面临的情况是，CEO给一个候选人手机号码，就让HR对接办理入职手续，往往埋下风险。

吉姆·柯林斯在《基业长青》一书中总结道："我们注意到，高瞻远瞩的企业，招聘和面试程序通常远比对照企业更复杂、严密，在专业和管理方面投入了更多的时间。以惠普为例，可能招募进来的新员工至少要经过未来工作部门里8个人的面谈。"

谷歌设置招聘委员会来保障招聘流程的公正性，并且每份录用都要经过谷歌创始人拉里·佩奇的审核。谷歌前CEO埃里克·施密特在《重新定义公司》一书中写道："我们设置招聘的关卡，为的是提高质量而非效率，是为了实现控制而非扩大规模。"谷歌招聘流程中设置了招聘信息包，它是标准化的文件，包含候选人的大量资料数据和面试记录，长达40~60页。如果招聘信息包内容不齐全或有偏差，招聘委员会就不予考虑并退回。这样的流程设计，确保所有人认真对待招聘每一个环节，严格按照招聘流程操作，最大限度降低找错人的风险。

另外，谷歌招聘委员会还做出以下要求。

① 产品经理必须参与不少于4次面试工作。

② 面试者接受面试不超过4次。

③ 面试不超过 30 分钟。

④ 打分不能模棱两可。

（二）找人关键环节的目的

1. 初试目的：剔除不合适的人选

初试是甄选人才的第一关，候选人众多，面试量大，没必要一一深度面试，因此初试的目的不是判断谁合适，而是剔除明显不合适的人选。初试评估内容主要是候选人求职想法、关键硬件条件、工作要求等，30 分钟是比较合适的时间，方式可以采用电话或视频面试，灵活高效。

2. 复试目的：评估关键能力

复试的目的是依据人才画像进行评估，如专业技能、经验知识、素质潜力等。复试环节可以借鉴多种方式，如人格特质测评、工作样本测试、专项任务测试等，需要详细记录和评估，并做出不合适或进入终试的明确意见，不能是"差不多""可以考虑"等模糊不清的评判。我曾听到一位面试官在复试环节说道："我觉得这位候选人还可以，不是很突出，要用也可以用，不用也可以。"这个观点简直是啼笑皆非，只能说明他没有自己的判断。

3. 终试目的：全面验证

终试要结合之前的所有信息，针对复试疑点和待考察点，全面验证和岗位的匹配性，并做出是否录用的决策。如果面试官在终试环节有巨大争议，不能达成共识，可以提议增加面试，评估争议点。

4. 加试目的：专项评估

加试目的不再是全面评估，而是设计专项评估方式，考察复试争议点。加试必须做出是否录用的明确决策。

5. 背调目的：不仅是调查风险

背景调查不仅仅是调查风险或未知信息，即使是一位非常完美的候选人，也要通过背调了解其前任雇主的评价，以便更好地帮助候选人融入新企业。

靠足够的时间投入来找到人，靠具备找人能力的人找对人，靠科学的找人流程防止找错人，这三大保障确保了企业找人永动机的持续运转。

本章关键发现

1. 找人间断,人才就会断档。
2. 经济下行期也不要让人才断档。
3. 企业要保持人才流入和流出。
4. 基业长青的关键是人才长青,人才长青的关键是打造找人永动机。
5. 学会借助外部力量提升找人能力。
6. 打造找人永动机的三条前提:靠足够的时间投入来找到人、靠具备找人能力的人找对人、靠科学的找人流程防止找错人。

CHAPTER 9 第九章 找人是CEO的首要职责，而非重要职责

"商界人士最重要的决定不是如何做事，而是如何聘人。"

——吉姆·柯林斯

▸ 人才复利——CEO 先是 1 号找人官

不要任性而为,而要根据角色有为

企业无论大小,CEO 最重要的事情也就两大类:第一类是聚焦人,找将才、搭团队、建组织、管队伍、传思想等;第二类是聚焦事,看方向、定战略、抓业务、见客户、理关系、整资源、找资本。对于不少 CEO 来说,第二类是绕不开、躲不了、拖不起的事情,而第一类往往是说起来重要、做起来次要、忙起来不要的事情,是可以躲、可以托、可以绕的事情。

CEO 不得不做:企业要做什么,方向是什么,必须 CEO 拍板,无人能代替。客户就是上帝,客户点名要见 CEO,CEO 不可能不见。找资本,CEO 不出面,肯定融不到钱。但是找人可以让其他人找,搭团队可以让 HR 来做,思想文化可以让咨询公司出方案,都可以授权其他人做。

CEO 不得不马上做:第二类都是比较急的,甚至是火烧眉毛的事情,一个大单来了,需要 CEO 出面,CEO 大概率会抛开其他事情;而第一类事情可以推迟,属于重要但不紧急,花一个月时间不一定找到人,而一个大单没有拿下来,就会影响当期业绩。

CEO 不得不用心做:第二类事情如果不用心做,马上就会反映到结果层面。不会整合资源,企业发展的机会就会受限。企业文化即使用心做,短期也不一定有效果,流于形式,有时候也看不出来，影响不大。

第二类事情做成了会让人有兴奋感，如谈成了一笔大单，融了一笔巨款，整合了资源，就好像骑马打仗、抢占地盘，都能激发战斗欲，而第一类事情都是累活和苦活，短期没有成就感。比如找了 5 个人，面试后发现没有一个合适的，这个时候只有挫败感。

（一）CEO 角色分析

有的 CEO 根据自己的喜好去工作，若是销售高手，就经常冲锋陷阵谈客户；若是技术高手，经常动手解决技术问题；若是整合资源的高手，应酬不断。CEO 如果任性而为，企业难有人监督，就会出现角色缺位，导致企业出现多处短板。

那些过度关注"事"而忽视了"人"的 CEO，往往出现以下几个现象。

现象一：像事事操心的保姆，而不是排兵布阵的将帅。如果你问企业里谁最操心？谁最累？谁最忙？谁全年无休、时刻在线？不少企业员工都会把手指向 CEO，CEO 也会抱怨："没办法，我不操心很多事情就干不好。"在巨大经营压力下，CEO 经常忍不住管细节，管一线，打破规则，代替员工做事，指挥员工每一个动作，事事不放心，甚至花盆怎么摆、会议室灯什么颜色、洗手间的门把手、文档上的标点符号……都要操心，修正员工的做法，不少 CEO 变成了"保姆""细节控""干预强迫症""不放心担忧症"等。当 CEO 这么做的时候，这些问题确实能快速解决，但 CEO 本身的角色就会出现重大缺位，没有足

237

够的时间和精力来做第一类的事情，甚至没时间思考战略方向。杰克·韦尔奇说过："如果你舍不得花时间和精力来招贤纳士，那么你将来在管理上碰到的困难会花去你更多的时间。"当帅才缺位的时候，企业可能赢得每一场"战斗"，却输掉了整个"战争"。彼得·德鲁克曾说："一个有效的CEO从不进行微观管理，这也是成为一名卓有成效的管理者的真谛！"

现象二：会亲手毁掉有责任心的团队，自己变成了难以突破的天花板。事必躬亲和亲力亲为，对CEO来说似乎变成了贬义词。当CEO看到一个问题并亲自冲锋陷阵的时候，就剥夺了下级管理者承担责任和成长的机会，久而久之，高管就变成了CEO的助手，不会主动思考和承担责任，员工也会等待CEO去解决问题。高管和员工都变成了提出问题、汇报信息和等待指令的工作状态，下级没有犯错机会，更没有发挥能力的空间，CEO变成了救火队长，其他人都作壁上观。很多时候，正是CEO的亲力亲为毁掉了有责任心的团队，团队无法得到提升，也留不住优秀人才，最后最能干的CEO变成了企业的天花板，企业瓶颈也就一直突破不了。

这么浅显的道理，很多CEO知道，但就是做不到。

一是因为惯性：CEO一放手，又没提前做第一类的事情，企业马上就会问题百出，风险不断，不能容忍混乱状态，逼得CEO又回到前台解决一线问题，不能及时退到本身角色上来。

二是因为意愿：CEO要退回原位，退回幕后，意味着不再是自己唱独角戏，而是要控制个人成就欲，要搭"台子"，做"导演"，培养更多的"主角"，不能再当孤胆英雄，而是打造英雄辈出的机制，这是对CEO大胸怀和大格局的考验。

第九章 找人是 CEO 的首要职责，而非重要职责

CEO 不要成为过度关注"事"的"保姆"，而要回归领导"人"的核心角色。不要成为马前卒，而要做阵后帅。只有牺牲短期的阵痛，才能让组织恢复健康状态。

当然，第一类事情和第二类事情并不是矛盾关系，不是非一即二的关系，在企业不同的阶段，CEO 工作侧重点会有差异，要把两者结合起来，因人成事，借事修人。但无论企业处于什么阶段，规模如何，第二类事情都无须强调其重要性，因为这是 CEO 不得不做、不得不马上做、不得不用心做的事情，也不容易被忽略。第一类事情才是需要强调的，正如杰克·韦尔奇所言："我的工作就是将最好的人才放在最大的机会中，同时将金钱分配在最适当的位子上，就是这样而已。传达理念，分配资源，然后就让他们自由发挥，不再挡在他们面前。" CEO 不要任性而为，而要根据角色有为。人是最大的战略，始终是 CEO 的工作重心，而找人又是第一道关，正如吉姆·柯林斯的研究："商界人士最重要的决定不是如何做事，而是如何聘人。"因此，我认为找人是 CEO 的首要职责，而非重要职责，这也是 CEO 作为 1 号找人官的首要任务。

（二）才报先于财报

吉姆·柯林斯在《卓越基因：从初创到卓越》一书中提出第一指标的概念："在你每周、每月或每个季度的管理例会上，排在第一位的、最重要的评价指标是什么？是销售收入，利润率，还是现金流？或者是产品或服务水平指标？或者是其他指标？无论你的答案是什么，有一个指标永远都高于其他指标。这是一个

需要我们锲而不舍地追求的指标，它关系到整个企业的卓越和伟大。然而，颇具讽刺意味的是，对绝大多数企业来说，它极少被作为首要指标加以讨论——即使有幸被加入讨论之列。即便如此，为了建设真正卓越、基业长青的企业，我们也必须把它放在首要位置。这个指标就是团队中关键位置安排给'合适的人'的具体比例是多少？请静下心来思考：多少关键位置上坐着合适的人？如果答案是不足90%，那么，你应该把用人问题作为首要工作来抓。想建立一家真正卓越的企业，至少要让90%的关键位置上坐着合适的人。"

大部分企业在常规的经营例会上，首先讨论的是财务类指标，即财报（资产负债表、利润表、现金流量表），也就是第二类的"事"的指标。8个小时的会议，至少7个小时会讨论"事"，等到会议还剩1小时的时候，参会者疲惫不堪，也松了一口气，习惯性讨论不重要的事情，人力资源负责人通报下人的数据和情况，即才报，CEO再强调几句要重视人才的话，会议就结束了。

对于财报，任何企业都会重视，管理者也最感兴趣；而对才报，一些企业群体性地选择了忽视，也难怪人才问题一直是这些企业老生常谈的难题。

才报也有3张表，分别是人才负债表、人才效能表、人才流量表。人才负债表是指现有岗位上"合适的人"占比是多少？空缺的比例是多少？这是第一指标，将决定企业财报数据。财报是结果性指标，而才报是驱动性指标。只分析结果，不在驱动性因素上花功夫，企业只能是裹足不前。

如果企业会议从才报开始，就会越来越从容地应对财报上的

第九章　找人是CEO的首要职责，而非重要职责

问题；如果企业会议从财报开始，就会受困于才报困境，财报数字也会变得越来越难看。

（三）卓越的CEO都把找人视为首要职责，而非重要职责

CEO是企业的1号找人官，1号有"首要""头等重要"的意思，不可授权，不可取舍，而"重要"是指"关系大、影响深"的人或事物，是可以按照轻重缓急排序，从而做出取舍的，但不一定含"为首""第一""1号"的意思。谷歌把人才招聘视为领导者最重要的事情，奈飞领导者缺席会议的唯一理由就是人才招聘。如果CEO只把找人当成重要职责，在业务繁忙时就很难有更多精力投入找人工作中。

1号找人官和普通招聘官的关键职责差异如表9-1所示，具体有以下几点。

1. 至少投入20%的时间找人

杰克·韦尔奇会把50%以上的工作时间花在选人用人上。对大部分CEO来说，要花50%的时间找人，确实要求太高，但至少投入20%的时间是底线要求，如果连20%的时间都难以投入，是没办法找到真人才的。不投入时间的重视都是伪重视，找不到人首先是投入的时间不够。

2. 把控找人需求和员工入职的最终审批权

招聘专家费洛迪在《关键人才决策》一书中写道："虽然在许多组织中，有些人（包括HR管理者）在选人方面比其他人更有经验，但领导者必须亲自参与这些决策工作。正如你不会把选择配偶的事托付给他人那样，你也不应该将重大的人才决策委托

给别人来进行。"

表9-1 1号找人官和普通招聘官的关键职责差异

	1号找人官 把找人当成首要职责	普通招聘官 把找人当成重要职责
时间投入	至少投入20%的时间找人	习惯性将工作重心放在业务上，一直在"救火"，抽不出时间找人
授权	把控找人需求和员工入职的最终审批权	只把控年度找人总数
面试参与	亲自参与每一个重要岗位申请人的面试	只面试自己的直接下属
关注优秀真人才	主动关注并持续为企业物色身边优秀真人才	靠人力资源部和猎头招聘优秀真人才
选人能力提升	以身作则参与找人识人方面的培训和认证，提升自己的选人能力	找人是高管和人力资源负责人的事情，他们需要提升
打造找人团队	打造强大的找人团队	只有招聘人员孤军奋战
雇主品牌推广	亲自作为校园招聘的宣讲官	让人力资源部露面
投入资金预算	在找人投入上不省钱	谨小慎微，没有固定预算

找人最终审批权包括两方面内容，一方面是员工入职的最终审批权，另一方面是企业找人需求的审批权。

谷歌把把控人才招聘标准的职责交由两个高级领导团队承担，但是每一位应聘者的最终入职权只有一位审核人——谷歌创始人拉里·佩奇。在谷歌，即使是普通员工，拉里·佩奇没有参与其面试，也要亲自进行最终入职审批。为什么拉里·佩奇会这样做呢？谷歌前CHO拉斯洛·博克称："佩奇传递给整个企业的信息是，谷歌高层非常重视招聘工作，我们有责任继续做好这项工作。而谷歌新人在得知佩奇亲自审阅他们的求职申请后，总是觉得非常高兴。"

CEO对人才招聘的重视程度，能带动整个企业对人才招聘的重视。CEO严格把控员工入职的最终审批权，能够及时发现面试记录表中存在的不符合企业用人标准的记录，及时避免不合适的人流入，这样既能确保企业招聘标准的一致性，也尽可能地提高录用真人才的可能性。

CEO还要把控企业找人需求的审批权。许多管理者都会有无意识地增加招聘需求的倾向，当企业业务繁忙的时候，当工作复杂性或难度增加的时候，管理者往往会倾向于多招人，可是很多问题并不是仅仅通过增加人数就能够解决的，有可能造成人浮于事，组织臃肿，效率低下。

3. 亲自参与每一个重要岗位申请人的面试

杰克·韦尔奇会亲自面试排名前125名的管理人员候选人。百事可乐前总裁韦恩·卡洛韦亲自面试前500个重要岗位的申请人。但CEO们要注意，你应该将面试精力分配给更重要的、更能创造价值的岗位，并非所有的岗位都需要你亲自面试，像类似于工人这种流水线操作型岗位的面试，就没有必要亲自参加。同时，你也没有必要参加应聘者的每一轮面试。

4. 主动关注并持续为企业物色身边优秀真人才

卓越的CEO不仅通过人力资源部招聘人才，还会主动关注并持续为企业物色优秀真人才。

费洛迪提到很多卓越CEO的找人故事。美国怡安集团的创始人帕特里克·瑞恩曾表示他每年都会给自己定下为怡安找到30位人才的目标，为了达到这一目标，他总是借助各种机会问身边的朋友："你认识优秀的人吗？能介绍我认识吗？"同时，他把发掘候选人当作长期持续性的工作，一直通过推荐的方法网罗人才，并与这些人才培养关系。他还通过这种方法找到他在麦肯锡工作时的同事凯斯，并成功说服对方成为自己的继承人，出任怡安 CEO 一职。

5. 提升自己的选人能力

大部分 CEO 在商业方面都有异于常人的天赋，但找人识人能力就相对较弱了。杰克·韦尔奇在《赢》中宣称，他自己在年轻时选才的正确率只有 50%，通过持续学习提升，30 年后他的正确率也才提高到 80% 而已。

上海华佑企业管理咨询有限公司在企业找人能力训战项目中，最先培训和认证的就是 CEO。CEO 以身作则通过找人官的认证，不仅能调动企业高管提升选人能力的积极性，还会提升整个企业对找人工作的重视度。

6. 打造强大的找人团队

强企必先强人，强人必先强找人团队。很多企业的人力资源团队，尤其是招聘团队，不应该减少招聘人员，否则可能会因为招聘到不合适的人，耗费更高的财力、物力和精力。

7. 亲自作为校园招聘的宣讲官

HR 和 CEO 分别作为校园招聘宣讲官，哪个对学生更有吸引力？答案不言而喻，企业 CEO 亲自去校园宣讲，能向学生传递出两种信号，一是该企业很重视人才，二是自己受到了尊重。

龙湖集团创始人吴亚军对校园招聘的重视程度极高，不仅将其定为战略性工作，还亲自参与校园宣讲会，同时担任龙湖校园招聘"仕官生"的面试官。龙湖集团内部也有明确规定，各城市

第九章 找人是 CEO 的首要职责，而非重要职责

总经理必须参加当地的校园宣讲会。华为也是如此，其副董事长兼 CFO 孟晚舟经常参加高校的校园宣讲会，并亲自做宣讲，为了更好地网罗优秀的种子人才，她通常会为宣讲做很充分的准备，致力于在宣讲中将华为的人才理念清晰地传递给学生，这也使得华为在宣讲会上的名句被学生群体广为传颂，如"大学之大在大师 企业之强在强人""金子其实不发光，选择比天赋重要"等。

8. 投入足够多的资金预算

优秀的 CEO 知道把钱花在哪。对于企业找人，无论投入多少都是值得的战略性工作。

"欲达高峰，必忍其痛，欲戴王冠，必承其重。"成功取决于找到什么样的人才，卓越的 CEO 作为企业 1 号找人官，必须把找人作为自己的首要职责，把有难度的找人工作做得富有成效，才能取得成功。以上 8 条，如果 CEO 做不到其中 4 条，企业找人能力就落后了，找到真人才就会难上加难。

245

二、不要做驯马师，而要做伯乐

企业要获得真人才，CEO 要怎么做？

A. 花精力找到真人才，给予发展机会。

B. 找到了一般人才，苦口婆心地劝其改变成真人才。

大部分人会毫不犹豫地选择 A 做法，但实际上都在做着 B 选项的事情。大多数企业找人不是精挑细选，而是仓促找到一个人完成任务，当发现其实际能力和面试时差距大的时候，不是想着淘汰或调整，而是幻想再给其一段时间就能胜任工作，于是对该人才进行说教，结果对方到试用期结束还达不到工作要求。企业为此付出了培养成本，又找不到人替代，于是勉强让该人才转正了，转正后又开始批评和教导，淘汰了于心不忍，留下来又一直不满，于是一晃就到了年底，天天苦口婆心地劝其改变，要努力，要学习，要提高工作标准，要提高执行力等，但几乎没有效果。企业让不合适的员工改变，做不擅长的事情，这本身对员工也是不负责任的做法。

我曾参加一个生物科技论坛，一位临床医生提到自己的观点：人类罕见病主要是先天缺陷，而不是后天环境引起的突变。用基因医疗技术治疗罕见病，不仅难以根治，治疗费用高，甚至要终身用药。而在胚胎移植时就筛选出没有罕见病缺陷的胚胎细胞，不仅成本低，而且能够彻底根除罕见病。从生物学上可以得

第九章　找人是 CEO 的首要职责，而非重要职责

到启示，选择大于改变，根除掉有缺陷的胚胎细胞，而不是等有了罕见病再去治疗。

将军是打出来的，更是选出来的。西点军校以培养将军和 CEO 著称，其对学生的极限体能训练和领导力培养非常严格，并有严格的淘汰机制，因此，西点军校的毕业生都是精英中的精英。西点军校对人才选拔更为严格，不仅要求学习成绩优异，更要求身体强健，并且必须有政府高官推荐和通过一系列的测试，其录取率始终在 10% 以下，因此，西点军校的成功之处是先选择有成长为将军潜质的好苗子，再加上严格的训练，才能培养出众多将军。

有些中学的学生考名校的概率非常高，关键因素是该中学在录取学生时选择的都是最好的学生，再加上优质的教学，考进名牌大学就变成了必然结果。若降低录取生源质量，教学质量不变，考名牌大学的概率就会大大降低。

《合伙人》这本书写道：大多数公司用 2% 的精力招聘，却用 75% 的精力来应对当初错误招聘的失误。桂峰先生在为《A级招聘法》一书作序时提到了"领导者宁做伯乐，不做驯马师"的观点，我非常认同。很多 CEO 和领导者之所以带团队累，就是天天在做驯马师，而不是做伯乐，花精力去找千里马。

奈飞前 CHO 帕蒂·麦考德也曾指出，"如果招进来的员工足够优秀的话，后期人力资源管理 90% 的问题都可以避免。"

优秀的 CEO 都选择 A 做法，不做驯马师而做伯乐，去发现千里马。

三 不要被助手围绕,而要与高手同行

在《从优秀到卓越》一书中,吉姆·柯林斯写道:"我们吃惊地发现,那么多的对照公司遵循的是'一个天才与1000个助手'的模式。在这样的模式下,公司只不过是某个奇才个人的舞台。"这种模式下的公司,CEO找来的都是"小兵",没有"将官"带队,CEO和"小兵"的能力相差N倍,如同一头老虎带着一群小绵羊征战沙场,老虎既要迎战洪水猛兽,又要担心绵羊掉队,小胜只能靠运气,大胜基本无望。

遵循助手模式的CEO,实际上并不想要建立一个卓越的团队。CEO找来的是助手,那么助手也会找来助手,人才密度会不断地降低。找人的助手模式与高手模式如图9-1所示。

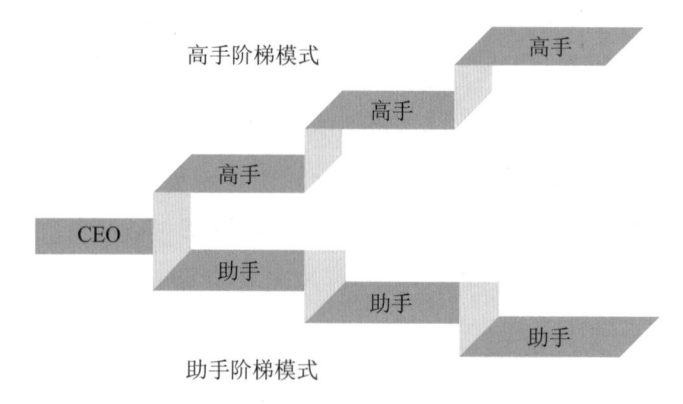

图 9-1 找人的助手模式与高手模式

第九章　找人是 CEO 的首要职责，而非重要职责

《奥格威谈广告》作者大卫·奥格威有句名言："如果我们每个人都雇用比自己矮的人，那么我们就会变成一个侏儒公司。反之，如果我们每个人都雇用比自己高大的人，我们就会变成一个巨人公司。"高手阶梯模式指的是企业从 CEO 开始，找到至少某一方面能力强的高手，衡量的标准就是其某一方面的能力或高于现有团队，或高于竞争对手，或者是行业或领域的顶尖高手。高手会吸引高手，谷歌对人才吸引力之所以强，在于人才一加入谷歌就能与一群高手共事，这本身就是最大的吸引力。

刘邦之所以打败项羽，不在于自己能力有多强，而是找到高手。《史记·高祖本纪》记载了刘邦的名言："夫运筹策帷帐之中，决胜于千里之外，吾不如子房。镇国家，抚百姓，给馈饷，不绝粮道，吾不如萧何。连百万之军，战必胜，攻必取，吾不如韩信。此三者，皆人杰也，吾能用之，此吾所以取天下也。项羽有一范增而不能用，此其所以为我擒也。"

司马迁《史记·淮阴侯列传》又记载：上尝从容与信言诸将能不，各有差。上问曰："如我能将几何？"信曰："陛下不过能将十万。"上曰："于君何如？"曰："臣多多而益善耳。"上笑曰："多多益善，何为为我禽？"信曰："陛下不能将兵，而善将将，此乃信之所以为陛下禽也。且陛下所谓天授，非人力也。"刘邦之所以能够征服和带领韩信，是因为刘邦善将将，韩信善将兵。

这两个故事说明刘邦之所以在楚汉之争中打败项羽，是因为其善将将，而那么多将才能为刘邦所用，也是因为其善将将。

卓越的 CEO 善将将，普通的 CEO 善将兵。

将将是高手模式，将兵是助手模式。

▶ 人才复利——CEO 先是 1 号找人官

高手会找来更多的高手，让企业上升到人才螺旋中；
助手会找来更多的助手，让企业陷入人才漩涡中。
卓越的 CEO 不会被助手围绕，而要与高手同行。
有些企业 CEO 并非缺乏找人的技能，而是缺少找到高手的意愿和胸怀，喜欢被助手围绕，并享受这种众星捧月的感觉。

四 欲引名将，先成明主

一位 CEO 为了说服一位高管加入企业，数次邀请其见面交流，并且提供了远超过其现有薪酬和职位的条件，最后该高管还是拒绝了邀请。我问："提供的机会这么好，为什么没加入？有什么顾虑的吗？"高管回答："确实我找不到比这更好的工作机会，CEO 人也很好，只是我看不出他有什么远大的梦想，没找到吸引我的点，我也找不到加入的理由。"

《荀子》中有云："与凤凰同飞，必是俊鸟；与虎狼同行，必是猛兽。"诸葛亮在《凤翔轩》一书中写道："凤翱翔于千仞兮，非梧不栖；士伏处于一方兮，非主不依。乐躬耕于陇亩兮，吾爱吾庐；聊寄傲于琴书兮，以待天时。"欲引名将，先成明主，明主才能吸引名将。

如何成为明主？要有远大的梦想、海纳百川的胸怀、分享成就的精神，并不断修炼和进化，没有其他捷径可走。

1. 要有远大的梦想

要吸引高能级人才，必须有远大的梦想，有牵引人才奋斗的愿景。人为金钱而用手脚，为权力而用脑，只有为梦想才能贡献全部身心。

谷歌创始人之一拉里·佩奇将美国宇航局（NASA）视为谷歌的竞争对手。他说："谁跟我抢人，谁就是我的竞争对手。"

拉里·佩奇不怕其他卓越企业抢他们的工程师，因为谷歌可以提供更好的工作和更多的股权留住这些优秀的人才。但在吸引顶尖人才的时候，谷歌却竞争不过美国宇航局。因为谷歌的愿景是"整合全球信息，让人人可获得和使用"，而美国宇航局的愿景是"开拓未来的太空探索、科学发现及航空研究"，谷歌的愿景范围是整个地球，而美国宇航局的愿景是整个宇宙。

梦想就是带领大家去未曾到达过的地方，如果CEO的愿景都没有人才的愿景宏大，人才怎么会跟随呢？你有多大的愿景，就能吸引多大能量的人才。

2. 要有海纳百川的胸怀

高能级人才总是有自己的想法和个性，他们不是CEO的高级助理，而是想找到施展才华的空间。因此，CEO经常需要面对高能级人才的不同意见和差异化的个性，这种状态会让CEO非常痛苦。CEO和高能级人才在前期接洽的时候，看到的都是对方的优点，一旦人才加入企业，和CEO成为上下级关系，冲突和差异就会凸显，除了价值观问题不能妥协之外，这个时候最考验CEO尊重人才和相信人才的信念，以及容纳高能级人才的胸怀。

CEO要容人之短，更要容人之长。《谏逐客书》中有云："海不择细流，故能成其大。山不拒细壤，方能就其高。"很多CEO不能进化到吸引和驾驭高能级人才的境界，好不容易找到高能级人才又留不住，CEO不得不启用"老人"，最后又回到"找一堆高级助理，只会听话，按照自己想法做"的状态。

项羽失败的根本原因是不能容纳有才之士，刚愎自用，致使原本跟随自己的韩信、陈平、英布、彭越等大将最后投奔刘邦，被刘邦重用，找到了施展自己才能的事业机会，最后协助刘邦击败项羽，帮助其赢得楚汉之争的胜利。

没有宰相之肚，CEO 是找不到高手的。

3. 要有分享成就的精神

封建社会实行的是帝王独尊的文化和制度，皇帝穿的龙袍，其他人是不能穿的，否则就是谋反叛逆之罪。皇帝名字也是要避讳的，清朝雍正皇帝，也就是胤禛，即位之后，把弟弟们名字中的"胤"字都改为了"允"字，可以说，与皇帝有关的一切都是独享，臣民对应地降低等级。帝王皇权独揽，大臣都没有决策权，基本是为皇帝提供决策建议。

企业虽然也需要一定的等级和权力分配制度，比如职位等级体系、决策与分工体系等，但企业毕竟是商业组织，如果 CEO 把自己定位为"企业的皇帝"，那么很难吸引来人才。把经营利益分享给人才，一般的 CEO 都能够做得到。让更多的人分享股权，虽然有一定难度，不少 CEO 还是能做到的。如果让 CEO 让渡名利，就有难度了。比如在展现成就和名气的场景中，CEO 会不会让 CXO 代表企业出席；CEO 和高管的权力距离和心理距离是不是很大；在企业决策分工方面，CEO 授予高管的权力范围大不大，都是挑战 CEO 的格局和胸怀。有的企业设置决策委员会，但基本形同虚设；有的企业决策委员会能够激发每个人的智慧，CEO 只有否决权和投票权，当然在关键时刻，比如在关键人事决策、战略决策等方面，还是需要发挥 CEO 的最终决策权的。

如果 CEO 总想着独享而不是分享，是没办法吸引和留住高能级人才的。

▶ 人才复利——CEO先是1号找人官

本章关键发现

1. CEO作为企业1号找人官,找人是首要职责,不是重要职责。

2. 才报比财报更重要,才报是驱动要素,财报是经营结果。

3. 领导者不要成为操心"事"的保姆,而要回归领导"人"的角色。

4. CEO不要做驯马师,而要做伯乐。

5. 助手模式会招到更多的助理,高手模式会找到更多的高手。

6. 普通的CEO善将兵,卓越的CEO善将将。

7. 明主才能吸引名将。

第十章 顶级 CEO 的找人故事

CEO 的成功取决于找到什么样的人，费洛迪在《合伙人》一书中写道："最成功的 CEO 有一个共同点，他们知道将'人'放在首位，成功的关键不在于'怎么做''做什么'，而在于'谁来做'。"

▶ 人才复利——CEO 先是 1 号找人官

在人才上投入时间最多的 CEO——杰克·韦尔奇

杰克·韦尔奇曾经说过："如果你认为一件事很重要，就一定要为它分配足够多的时间。"他认为人才工作是工作重心，而人才招聘又是人才工作的首要环节。他在著作《赢》中写道："要让企业能'赢'，没有比找到合适的人更要紧的事情了。世界上所有精明的战略和先进的技术都将毫无用处，除非你有优秀的人来实践它。但是招聘到好的员工是较难的事情，招聘到优秀的员工更是难上加难。"

《赢》有 20 章，其中 11 章都是描述人才管理，杰克·韦尔奇在人才工作上至少投入 50% 的时间。作为全球多元化集团的 CEO，他日理万机，要处理全球并购、危机事件、资本市场挑战等，无论怎么安排，即使 24 小时不睡觉都无法完成这些事情，只有做好人才工作，通过人才这个杠杆撬动企业的经营，把控风险，才能掌舵美国通用电气公司（以下简称 GE）这条"巨船"。

杰克·韦尔奇通常在人才管理关键点上投入足够多的时间。

① 组织员工讨论企业的使命和价值观，并把确立使命作为 CEO 不可授权的责任。

② 在大大小小的会议上重申企业的使命，把经营决策及人员任用与使命挂钩。

③ 花时间思考和检验用人标准，制定了 GE 选人的 4E1P 标准：活力（Energy）、激励能力（Energize）、决断力（Edge）、执行力（Execute）、激情（Passion）。

④ 亲自面试排名前 125 名的管理人员候选人。

⑤ 每年参加人才盘点会议。Session C（人才评估会议）是 GE 最为重要的会议之一。杰克·韦尔奇时代的每年 4 月或 5 月，GE 的 CEO 以及人力资源部门的 SVP 将在 GE 的各个职能单元主持 Session C，针对该管理团队的业绩表现和高潜力人才进行长达一天的盘点，并做出任用和调整计划。

⑥ 每月都会到 GE 克劳顿维尔培训学院亲自授课 1~2 次，每次至少待 5~6 个小时，20 年如一日，坚持每年亲自执教至少 40 个小时。把培训作为发现人才、推动业务策略、传播文化思想的最佳方式。

⑦ 寻找"牧师—父母型"的人力资源负责人，并提拔到和 CFO 同等的地位。

⑧ 勇于当"坏人"，坚持开除不合适的员工。

⑨ 从上任开始，就着手接班人选拔和培养工作。

"如果你舍不得花时间和精力来招贤纳士，那么你将来在管理上碰到的困难会花去你更多的时间。"杰克·韦尔奇是 1 号找人官的杰出代表，用行动体现了人才招聘的价值，并持之以恒地把时间投入人才工作，虽然现在 GE 的影响力与杰克·韦尔奇时代不能同日而语，但杰克·韦尔奇留下来的人才管理智慧和做法始终是企业成功的不二法门。

▶ 人才复利——CEO先是1号找人官

二 人才说服大师——史蒂夫·乔布斯

罗摩·伊格尔（Rama Dev Jager）和拉斐尔·欧兹（Rafael Ortiz）在1998年写的《在巨人的公司》（In the Company of Giants）一书中写到他们当时采访苹果公司CEO史蒂夫·乔布斯，下面是他们关于团队建设的一些谈话。

作者问："你一直在向苹果公司、NeXT公司和Pixar公司输送人才，你认为他们是什么样的人才？"

史蒂夫·乔布斯答："我想我一直在寻找真正聪明的人，与他们一起共事。我们所从事的这些重要工作中没有一项是可以由一两个人或三四个人完成的……为了把这些任务做好，你必须找到杰出的人。

"这关键的总结发现是，对于生活中的大多数事情，一般的和最好的相比，一个最好的能抵两个一般的……

"但是，在我所感兴趣的这个领域——最初是硬件设计，我发现一个最优秀的人完成工作的能力能抵50到100个一般水平的人。鉴于此，我们一直在追求精华之中的精华。

"这就是我们所做的事情。我们建设一个团队，保证里面的成员都是A+水平。一个都是A+水平的小团队能抵上100个都是B或C水平的巨型团队。"

作者问:"你的所有才能归功于善于发现人才吗?"

史蒂夫·乔布斯答:"并不只是发现人才。在招到人才后,你要建设一个团队氛围,让人们都感到周围都围绕着跟自己一样有才能的人,而且工作是第一的。他们要知道,他们的工作成绩代表了一切,这是一个深刻的、明白的认识——这就是全部。

"招募人才并不是你一个人能干得了的,需要更多的帮助,所以我发现大家一起推荐、培养出唯才是举的文化氛围才是最好的方法。"

作者问:"然而,对于一个创业公司,管理者并不会有那么多时间花在招募人才的事情上。"

史蒂夫·乔布斯答:"我完全不赞同。我认为那是最重要的工作……在一个创业公司里,最初的十个人决定了这个公司的成败与否。"

乔布斯的终生信仰是取得伟大成就必须找到 A+ 人才,为了找进 A+ 人才,不惜一切代价。

1. 不加犹豫,立即行动

乔布斯只要打听到谁是 A+ 人才,无论其现在的职位有多高,事业有多辉煌,加入苹果公司的难度有多高,乔布斯都不会考虑其有没有换工作的意向,都会立即行动,直接打电话,说出意向,约见沟通。

2. 以诚相待,多顾茅庐

里吉斯·麦肯纳是硅谷顶尖公关高手,创办了自己的广告公司,曾为英特尔打造了一系列色彩绚烂的杂志广告,这些杂志广告引起了轰动，是最为成功的品牌广告。乔布斯致电英特尔询问广告的设计方，知晓了里吉斯·麦肯纳的名字。乔布斯打去电话，却一直未能直接与他通话，之后，乔布斯几乎每天都会打来电话，最终见到了里吉斯·麦肯纳，说服其为苹果公司工作。里吉斯·麦肯纳于1983—1987年间担任苹果公司高管，负责公关与营销，著名的苹果标志就出自里吉斯·麦肯纳设计团队之手。

乔布斯只要盯上一位顶尖人才，就会持续跟进和说服，不限于次数，哪怕对方有权势和地位，哪怕受到数次拒绝，他都不会退却和放弃。

3. 以高薪为保障，以极具诱惑力的事业空间为打动点

乔布斯盯上了比尔·阿特金森。后者本是天才程序员，乔布斯刚开始招募他的时候，被他拒绝了。乔布斯一旦盯上一个人，就会爆发出不达目标誓不罢休的毅力。之后，乔布斯给比尔·阿特金森寄去了一张无法退票的机票，邀请其到苹果公司来看看。比尔·阿特金森在看到那张机票后，对乔布斯产生了一点兴趣，决定给他一个机会，看看他如何说服自己。两人见面后进行了一次长谈，在3个小时的谈话快结束的时候，乔布斯用一句话击中了比尔·阿特金森的内心："我们正在创造未来，你可以想象一下，当你在海浪的最前端冲浪时，一定很兴奋、刺激。但若让你在海浪的末尾学狗刨的话，肯定一点儿激情都没有。只要你来苹果公司，你就是那个站在浪尖冲浪的人，必将受到全世界的瞩目。"比尔·阿特金森最终选择了加入苹果公司。

乔布斯招募百事公司前CEO约翰·斯卡利，而斯卡利开出了巨额条件："我需要100万美元的薪水和100万美元的签约奖金，如果最后成不了，还要100万美元离职补偿。"乔布斯答应了这些条件："就算我自掏腰包，我们都得解决这些问题。""你是想卖一辈子糖水，还是想和我一起改变世界？"乔布斯的这句话彻底让约翰·斯卡利不再犹豫，加入了苹果公司。

现任苹果 CEO 的蒂姆·库克是乔布斯回归苹果公司后招聘的人才，蒂姆·库克当时在康柏公司工作，干得风生水起，并没有换工作的想法，而乔布斯让猎头坚持邀请他，最终见到了蒂姆·库克，乔布斯提到了苹果公司的战略和愿景，强调要做一些与众不同的事情。蒂姆·库克回忆道："在不到五分钟的时间里，我就决定豁出去了。""我心里有了一个念头，'我要去苹果公司，我要去苹果公司'。"

乔布斯最擅长用愿景打动人心，用简短几句话击中人才内心的渴望，用极富冲击力和想象力的梦想，让本来对苹果公司没有兴趣的人变得像被磁铁吸住一样，进而让人才毫不犹豫地加入苹果公司。薪酬待遇是吸引人才的前提条件，但只用高薪酬吸引来的人才只能成为乌合之众，而无法组建成伟大的团队。要吸引顶尖人才，只能用极富诱惑力的事业和愿景。

乔布斯自述其面试的工程师超过 5000 人，为了找到更多的 A+ 类人才，持续扩大面试量，人才池规模是找到人才的保障。我相信，大部分 CEO 面试人才的数量都远不及乔布斯。

人才标准抬杆者——杰夫·贝佐斯

企业招聘水平和经营管理水平呈正比关系。谷歌成功的最关键因素是招聘到大批富有创意的精英人才。而亚马逊是能够与谷歌招聘水平不相上下的卓越企业。

1995年,亚马逊还是一支10人的小团队,而现在亚马逊全球员工已经超过了150万人,独特的"抬杆者"招聘做法,帮助亚马逊在从10人增加到150万人的过程中不仅没有降低选人标准,还不断提高选人标准,使亚马逊成了一家伟大的企业。

杰夫·贝佐斯认为每次新雇用的人才都要比之前的好,才能不断提升下一批人才的水平。亚马逊为了能够坚持高的招聘标准,在面试中设置了一个"抬杆者(bar raiser,指在跳高比赛中负责一次次将杆调高的人)"的面试官角色,"抬杆者"要从更高的角度去看面试者的加入能否促进企业的成长。如果某个求职者的加入只能帮助亚马逊维持现状,不论多优秀的人才,也会被拒绝。逐渐拔高的人才招聘标准使亚马逊每招聘一个员工,都能提高企业的整体能力,推动快速发展,实现人才引领业务发展,而不是大部分企业遇到的人才滞后业务发展的局面。

如何才能坚持人才招聘的高标准,并且使"抬杆者"角色发挥作用呢?杰夫·贝佐斯采用了以下的做法。

（一）使用"抬杆者"问题来决策

在 1998 年，贝佐斯就要求他的招聘经理按照以下三个问题来选人。

1. 你是否欣赏这个人

贝佐斯的第一个标准是欣赏。他要求招聘经理选择自己欣赏的人。这种欣赏意味着，他可以成为其他员工的榜样，别人可以从他身上学到很多东西。单从这条标准来看，这个要求就够高的了。马克·扎克伯格也提倡招聘那些"你尊敬的人"。他说："只有那些我觉得自己会愿意为他（她）工作的人，我才会招聘他（她）直接为我工作。这是一条很好的标准，并且在我这里屡试不爽。"

2. 这个人是否能提高整个团队的工作效率

在贝佐斯看来，招聘员工是为了促进企业的发展，而不是相反的情况。他希望每个新人都能够为企业而战，而不是把事情搞砸。他认为选人的标准要不断地提高，当 5 年之后回头去看，发现现在的标准已经如此之高了，应该庆幸自己早早进入了企业。

3. 这个人是否能成为某方面的"超级明星"

第三个问题说明贝佐斯一直在寻找员工与众不同的技能，或者能给企业带来的全新贡献，或者对企业文化形成某种帮助，这种不同也许跟具体工作无关，却是贝佐斯非常看重的特别之处。

（二）宁愿漏选，而不错选

亚马逊最早的招聘广告上面写着："资金充足的初创企业正在寻找极具天赋的 C/C++/Unix 开发人员以帮助开拓互联网事

业。你必须有设计和构建大型复杂（但可维护）系统的经验，而且你应该在大多数可胜任员工的三分之一的时间内做到这一点。"这样严格的招聘要求确保了亚马逊在创业初期就能坚持高标准，宁可漏选，而不错选。贝佐斯经常说："我宁愿面试50个人而最终一个也没雇用，也不愿意雇错一个人。""你的人就是你的企业。用什么样的人，企业就会变成什么样。"

（三）高标准选拔"抬杆者"

管理大师拉姆·查兰总结了亚马逊选择"抬杆者"的标准。

第一，在识人方面眼光敏锐，的确有过人之处。

第二，不会因为业务压力而降低标准，相反还会持续提升标准。

第三，也是最重要的一条，即内心强大，是极具主人翁精神的实干家，真正坚信并亲身践行亚马逊的组织文化及领导力原则。

"抬杆者"会像贝佐斯一样，把好选人这道关，做出高标准决策。

1. 给予"抬杆者"一票否决权

业务部门往往因为业务需求压力降低招聘标准，而"抬杆者"不用考虑用人紧急性，只需要站在亚马逊用人标准的角度做决策即可，有一票否决权。只要"抬杆者"否决了，亚马逊基本就会放弃该人选。很多企业把人才招聘决定权完全授予业务部门，就会有"漏网之鱼"的风险。

2."抬杆者"来自非相关部门

部门负责人面试部门岗位人选是天经地义的职责,但只安排本部门人员作为面试官,除了会有"关系户"之外,也会缺乏同级视角,亚马逊"抬杆者"一般来自其他部门,会交叉面试,这样的设计会保持人才决策的独立性。

"抬杆者"基本都是企业的精英骨干,让这些精英花费大量的时间参与面试,就减少了做业务的时间,无论是企业还是本人都会觉得不值得,而贝佐斯会坚定地回答:"值得,非常值得。"如果人都招不对,其他一切都无从谈起。

企业不是等发展大了再去招聘优秀的人才,而是必须一开始就找到优秀的人才,这样才能帮助企业发展壮大。平庸的企业总是寻找各种借口,往往用"我们企业小""我们给不了高薪""人才不可能加入"为推脱,不断降低找人标准,最后沦为平庸。

优秀的 CEO 都是最优秀的 1 号找人官,愿意花足够的时间和精力去持续寻找优秀的人才,并且能把聚集的人才打造成非凡的团队。他们都有一个共同点:知道成功的关键不在于"怎么做""做什么",而在于"谁来做"。

四 第一性原理找人高手——埃隆·马斯克

埃隆·马斯克是最有影响力和创新性的CEO，他以惊世的大胆创意、超乎想象的愿景和极致的管理风格在电动汽车、太空探索、能源创新、生物科技、人工智能和高速公共交通等领域取得了颠覆性的突破成就。在一个领域取得成功就可以算"成功的CEO"，在多个领域取得颠覆性的成就，只能用"伟大的CEO"来形容。埃隆·马斯克是如何做到的呢？

古希腊哲学家亚里士多德提出了第一性原理概念，而埃隆·马斯克把第一性原理运用到商业领域，并取得了极大的成功。

亚里士多德认为："每个系统中存在一个最基本的命题，它不能被违背或删除。"

埃隆·马斯克认为："我们运用第一性原理而不是比较思维去思考问题是非常重要的。我们在生活中总是倾向于比较，对于别人已经做过或正在做的事情，我们也都去做，这样只能产生细小的迭代发展。第一性原理的思想方式是用物理学的角度看待世界，一层层拨开事物表象，看到里面的本质，再从本质一层层往上走。""通过第一性原理，我把事情升华到最根本的真理，然后从最核心处开始推理。"

2002年，马斯克开始了他的太空求索，他的目标是将火箭发送到火星上。但马斯克发现，购买现成的运载火箭的成本高达6500万美元，他开始重新思考该如何解决这个问题。

马斯克说："让我们来看看这个第一性原理究竟是什么。火箭是由什么制成的？航空级铝合金，再加上一些钛、铜和碳纤维。"

"然后我会问自己，这些材料在市场上值多少钱？结果发现，火箭原材料的成本大约是火箭价格的2%。"因此，火箭的直接成本不在于原材料本身，而在于如何低成本地有效组合和重复利用它们。

于是马斯克决定创办一家自己的太空探索公司，美国太空探索技术公司（SpaceX）横空出世，几年时间内，SpaceX将发射火箭的成本削减至原本的十分之一。

马斯克为了改变传统汽车工业、推动可持续能源的发展，创办了特斯拉，致力于电动汽车的研究和生产，同样也发现成本过高问题：一辆电动车需要85kwh的电池，1kwh电池价格是600美元，但是只需82美元就能买到1kwh电池所需的原材料，说明电池成本高不在于原材料，而在于原材料的组合方式。

马斯克创办电动车、太空探索、轨道交通等不同领域的产业，之所以成功，是因为马斯克深信只有好的创意而没有顶尖人才是无法成事的，他把人才招聘看作头等大事，虽然这占用了深夜和周末的时间，但在马斯克看来，为公司找到合适的人是最重要的事情。

有了一个好的想法后，马斯克就会立即寻找顶尖人才。他在寻找顶尖人才方面仍然遵循第一性原理。找顶尖人才的三个本质问题是"去哪里寻找""谁是顶尖人才""能不能容忍高风险",解决掉这三个问题就能找到顶尖人才,而不是把找人这个事情搞得多么复杂。

1. 去人才聚集地找人

马斯克创办 SpaceX 后,立刻开展人才搜获行动:参加太空行业峰会,去车间看火箭制造,去一切能汇聚航空产业人才的地方。他认为在这些地方才能找到最顶尖的人才。火箭工程师汤姆·穆勒是世界上领先的航天器推进技术专家,是马斯克找到的 SpaceX 第一个工程师,后来成为 SpaceX 的联合创始人。马斯克为了抢到顶尖的大学毕业生,会亲自到大学航天学院打听成绩最好的学生,或者打电话给院里的助教咨询系里勤奋又聪明且未婚的研究生或博士生,主动打电话去宿舍找学生来公司面试。

2. 深挖细节判断人才

马斯克认为细节才能体现一个人的能力,他在面试时会重点考察面试者解决问题的细节,通常会问以下问题。

① 在工作中处理过哪些棘手的问题?
② 这些难题处理的结果是什么?
③ 在关键节点是怎么做决策的?

针对上面三个问题,马斯克会刨根问底地问对方解决问题的细节,而不是泛泛而谈。通过这样的追问,如果是伪人才的话,马上就会露出原形了。

3. 为人才解决后顾之忧

《冲向火星》一书描述了马斯克为了挖掘人才可以做任何事的故事。工程师布伦特·阿尔坦因为妻子在谷歌找到工作而计划在旧金山定居,他的同学向马斯克推荐了这位工程师,但 SpaceX 在洛杉矶,不在旧金山,马斯克为了让布伦特·阿尔坦加入 SpaceX，面试大约进行到一半时问他："我听说你不想搬来洛杉矶，原因之一是你妻子在旧金山的谷歌工作。你看，我跟拉里聊过了，他们会把你的妻子调到洛杉矶来。你觉得怎么样？"拉里就是拉里·佩奇，谷歌联合创始人，马斯克的好朋友。布伦特·阿尔坦震惊了，一时间不知该说什么。稍缓片刻后，他回答说，既然一切都安排妥帖了，他觉得自己应该可以来 SpaceX 上班。

第二天布伦特·阿尔坦的妻子希尔斯去上班时，上司告诉她刚刚发生了一件非常神奇的事——拉里·佩奇打电话来说，只要希尔斯愿意，她随时可以去谷歌的洛杉矶分部工作。

马斯克的愿景是"寻求全世界的人才，解决具有挑战性的项目，让人类成为跨行星物种"，找到顶尖人才，设定一个几乎不可能完成的任务，并向团队灌注容忍高风险的意志力，当然，如果完不成任务，马斯克会毫不犹豫地换掉员工。

第一性原理实际上就是回溯事物的本质，不受世俗经验和传统习惯的束缚，重新思考怎么做，找到实现目标的最优路径。找到顶尖人才并不复杂，关键是找到人、找对人和找进人，如果效果不好，那就拿出 N 顾茅庐的诚意，增加时间投入。

五、招人机器设计师——拉里·佩奇和谢尔盖·布林

谷歌是非常重视人才招聘的企业，并且建立了持续运转的人才招聘机器，这套人才招聘机器才是谷歌的核心竞争力。而谷歌两位创始人拉里·佩奇和谢尔盖·布林是人才招聘机器的倡导者和设计者。

拉里·佩奇认为，每个成功的企业都有自己独特的优势，而人才是承载优势的载体。但是随着企业不断扩大，如果没有一套合适的办法来招聘和遴选同样标准的人才，那么招来的员工很快就会把这家企业所特有的独特优势稀释掉，陷入"萨尔特流大漩涡"，企业就不再保持优势，丧失了原始的竞争力。谷歌前首席人才官拉斯洛·博克在《重新定义团队》一书中写道："因此招募的每一批新员工都要比前一批差。随着公司的壮大，就有更多外在的诱惑出现，或是想要招聘一位朋友，或是为了帮客户的忙或加强与他们的关系，聘用他们的孩子。这些举动都会带来招聘质量的下降。结果就是你从一个只招聘明星员工的小公司或团队变成一家招募平均水平员工的大公司。"

企业成功靠人，失败也是人的问题。

拉里·佩奇和谢尔盖·布林是如何建立人才招聘机器的？我认为主要有以下几点。

（一）严以律己，以身作则，塑造人才招聘文化

面试是体力活加脑力活，费时耗力，很少有经理人喜欢面试，要么推脱给别人，要么缩短时间快速结束，而认真面试的企业创始人少之又少。

谷歌认为人才招聘是工作中最重要的事，这个不是口号，拉里·佩奇和谢尔盖·布林首先将这一理念贯彻到日常工作中，无论是面试初级工程师还是高管，他们都会严格遵守面试流程，并投入足够多的时间，确保面试的有效性。《谁是谷歌想要的人才？》一书中提到，2007年，谷歌前CEO埃里克·施密特说："过去一年，我最担心的就是业务扩大。我们发展得太快了，这就是问题所在。你太快招人进来，总有可能丧失自己过去拿手的武艺。"两位创始人以身作则执行人才招聘是第一优先项工作的理念，从谷歌高层管理者到基层管理者，从业务经理到招聘经理，都保持了执行这一理念的一致性。

（二）采用委员会招聘制而非层级招聘制

埃里克·施密特在《重新定义公司》一书中详细描述了传统层级招聘制和委员会招聘制的区别。传统层级招聘制把招聘决定大权完全授予用人部门经理，这样会带来诸多负面影响，比如强化了层级制，降低员工的创意自由度。另外，用人部门经理的感性决策也会影响招聘公正性，还会带来用人唯亲的风险，导致小圈子文化。美国大学选聘教授采用的是委员会决策制，并建立教师的招聘与升职体制。大学委员会职责包括制订招聘计划、招

信息发布、材料筛选、面试安排和决策等。委员会成员通常包括学院领导、教授和相关行政人员。谷歌两位创始人一开始就坚定地选择了委员会招聘制，抛弃了传统的层级招聘制。委员会招聘制能够最大限度确保站在公司整体角度进行人才决策，同时发挥集体智慧优势。谷歌建立招聘委员会和面试委员会来把控招聘流程和质量，委员会成员来自非直接工作关系的人，并且选拔和决策机制都有明确的细则。

（三）把控人才决策审批权

谷歌创办的前5年，拉里·佩奇和谢尔盖·布林会亲自面试每一位求职者，即使谷歌到了现在的规模，所有应聘人员录用决策也都要拉里·佩奇亲自签字批准。把控人才决策审批权的意义重大，如果创始人会亲自查看每份候选人的资料和面试官的决策记录及行为表现，谁还会不重视人才招聘，把面试作为工作之外的消遣呢？同时，拉里·佩奇不只是签署一个程序性的仪式文件，而是认真阅读，并且拒绝达不到聘用标准的候选人。

（四）确保面试流程的透明和可追溯

面试流程的透明和可追溯可以使招聘更加客观，减少误差，更重要的是可以不断改进人才招聘机器。谷歌的面试透明度不像一般公司只是写"可以录用""符合用人要求""表现还不错"之类的三言两语的记录，而是招聘流程高度集中化，候选人信息包是招聘委员会唯一可用的信息来源，多达四五十页，甚至六十页。信息包包含候选人所有的个人信息，包括高考分数和排名、大学成绩单、简历、推荐信、个人作品、个人网络信息、薪酬水平、面试报告、每一个面试官的面试评分和反馈意见、外部背景调查报告等。信息包也是对面试官面试技能的考察，让其打分更加严谨和细致，还会使面试官将面试记录和新员工的表现做对比，提升面试和评估人才能力。同时，面试流程的透明和可追溯，用数据核查招聘客观性、错误率和招聘体验，可以不断优化招聘机器。拉里·佩奇会阅读招聘信息包，作为决策唯一依据，如果内容不齐全或不符合标准，他会指出并打回至招聘委员会，重新补充资料。

（五）永远不在质量上讲究，不屈服压力

谷歌的这套招聘机器不是为了提高招聘速度，而是为了提高招聘质量，《重新定义公司》一书中写道："我们这样设置招聘关卡，为的是提高招聘质量而非效率，是为了实现控制而非扩大规模。当然，这么多年来，我们一直努力高效地扩大规模，但我们初心不改——没有什么比招聘质量更重要。"

谷歌将面试次数限定为不超过5次，面试时间压缩到30分钟，不断优化招聘机器。但一般公司很难建立和运营这套招聘机器，因为会面临巨大的压力。

1. 会消耗管理者巨大的时间和精力

谷歌前首席人才官拉斯洛·博克统计，"如果每招聘一名员工就需要花去谷歌人250小时的时间，即使每年只招聘1000人，我们也需要投入250000小时的时间。"虽然谷歌可以在招

聘质量不降低的情况下降低招聘时间投入,但对大部分公司管理者来说,仍然是巨大的时间投入。

《重新定义团队》一书罗列了谷歌员工在招聘工作上的时间投入变化。

你可能会好奇这么雇个人会不会用去很多的时间,确实会的。

但是并没有你想象的那么多。有四个原则可以帮助最小的团队在招聘工作上有非常大的提升。

在公司员工数量达到 2 万人之前,多数员工每周用在招聘工作上的时间在 4~10 小时之间,我们的高管每周很容易就要用上一整天时间,所有高管加起来每年有 8 万 ~20 万小时要用在招聘工作上,这其中还不包括我们的专职招聘人员所用的时间。这些时间的投入是公司快速成长所必需的,也确保我们在招聘质量上没有将就。而且,说实话,这在当时已经是我们竭尽全力的结果。我们用了数年的时间研究和实验,找出了高效招聘的方法。

2013 年,谷歌大约有 4.8 万名员工,尽管我们的招聘工作量是公司员工 2 万人时的 2 倍,谷歌人平均每周用在招聘上的时间却降为 1.5 小时,我们将谷歌人用在每一位应聘者上的时间减少了 75%。我们还在继续努力降低这个时间,并学着更高效地管理招聘团队和他们的时间。

2. 引起用人部门的抱怨

大部分公司都将招聘决定权授予用人部门经理,虽然这有利于提高灵活性、招聘速度和维护用人部门的权威，但会带来一系列的负面问题。剥夺用人部门招聘决定权也会让用人部门抱怨，甚至为完不成业务目标找到无法反驳的借口。大部分公司都无法承受这种压力。

3. 降低求职者的招聘体验

冗长的招聘流程也会让应聘者更加痛苦，从申请到被录用，应聘者要用上6个月甚至更久，而大部分应聘者无法接受这么长时间的等待，这会让公司错失人才。

这三种压力，都会传递到公司创始人身上，公司内部也很少有人支持这样的做法，甚至人力资源部都难以接受。而拉里·佩奇认为为了招聘到优秀真人才，一切都是值得做的。

（六）引进和重用招聘专家

拉里·佩奇不仅以身作则重视招聘工作，还重用招聘专家。著名的谷歌人力运营部人力资源分析师、工业心理学家托德·卡莱尔，运用实证研究方法将谷歌面试次数调整为4次，为优化谷歌人才招聘机器做出了重要贡献。谷歌前首席人才官拉斯洛·博克是拉里·佩奇人才招聘理念的拥护者和推进者，把谷歌人才招聘机器打造得更加坚实。

拉里·佩奇还支持超配足够数量的人才招聘专员，美国旧金山州立大学教授、谷歌顾问约翰·沙利文估计，包括合同工在内，谷歌员工与招聘专员的比例大概为64∶1。企业之强在于强人，而强人先强人力资源部，没有足够数量和专业的招聘人员，企业是无法打造和运行好人才招聘机器的。

▶ 人才复利——CEO先是1号找人官

  幸福的家庭都是一样的，而不幸的家庭各有各的不幸。同样，卓越的CEO都重视并投入人才招聘工作，而平庸的CEO都不喜欢把时间耗在人才招聘上。企业CEO要打造人才招聘机器，要向拉里·佩奇学习，要建立谷歌式的人才招聘机器，不仅需要智慧，更需要勇气和耐心。

第十章　顶级 CEO 的找人故事

本章关键发现

1. 我们往往因为 COE 卓越的商业才能而了解 CEO，但我们看不到的是卓越 CEO 的找人能力。
2. 卓越的 CEO 都是卓越的 1 号找人官。
3. CEO 的成功取决于找到什么样的人。
4. 卓越的 CEO 秉承的是"欲成大事，先找大将"的成功之道。
5. 普通的 CEO 把时间花在"事"上，卓越的 CEO 把时间花在"人"上。
6. 要成为卓越的 CEO，首先要修炼卓越的找人能力。

附录：关于企业找人方面的数字研究和经典语录

一、找人的关键数字

1. 判断候选人不合适至少需要面试 20 分钟，而做出候选人合适的判断则至少需要 40 分钟。——1 号找人官机构

2. 多数的面试都是在浪费时间，因为 99.4% 的时间都用在证实面试官最初 10 秒钟的印象，不论印象好坏。——《重新定义团队》

3. 我问了 300 名高管一个问题："如果你从头开始打造企业，现有员工中，你再次雇佣的比例占多少？"他们将回答以电子方式（匿名）发送给了我，最常见的回答是"大约 50%"。——《合伙人》

4. CEO 至少投入 20% 以上的时间在找人上。——1 号找人官机构

5. 确保一个职位，最好有 3 个合适的候选人，再做决策。——1 号找人官机构

6. 背调至少 5 个人，并做交叉验证，这将至少降低 10% 选错人的概率。——1 号找人官机构

7. 至少 70% 优秀真人才属于被动求职者。——1 号找人官机构

8. 他（谷歌人力资源主管托德·卡里塞）发现通过 4 次面试就可以有 86% 的自信确定是否聘用某个人。4 次面试之后的每一次面试仅提高 1% 的效应。不值得为此浪费谷歌人的额外时间，让

应聘者备受煎熬，因此我们推行了"4次准则"，限定应聘者现场面试的次数（尽管我们允许个别情况下出现特例）。——《重新定义团队》

9. 在面试的前半个小时之内所做出的错误招聘决策要远远多于其他任何时间，而如果他能够推迟30分钟做出决策，无论这个决策是否适当，他就可以将招聘决策的失误减少50%。——《选聘精英5步法》

10. CEO在找人上有8大职责。——1号找人官机构

11. 在大多数公司中，人们用2%的精力招聘，却用75%的精力来应对当初的招聘失误。——《合伙人》

12. 优秀软件人才和一般软件人才之间的差距可能是50倍。在我所做的任何事业上，寻求世界上最优秀的人才都是值得的。——史蒂夫·乔布斯

13. 我宁愿面试50个人而最终一个也没雇用，也不愿意雇错一个人。——杰夫·贝佐斯

14. 谷歌50%的员工来源于内部推荐。——《重新定义团队》

15. 根据研究，最佳面试官对于人才的预测效度相当于最差面试官的10倍。——费洛迪

16. 我用了30年的时间才把人才识别率从50%提高到80%。——杰克·韦尔奇

17. 60%的企业绩效取决于CEO人选是否合适，以及CEO继任工作是否安排妥当。——拉姆·查兰

18. 在兼并与收购的案例中只有31%的执行官的任命是成功的。——美国创新领导力中心

19. 找到多少人就可以停止寻找，保证选到合适的人？试试"一打原则"，先分析12位候选人，并记住其中最优秀的一位（称之为"H"），然后从第13位候选人开始，选到一个比H更优秀的候选人就大功告成——这不仅更加经济，而且也更为有效。——费洛迪

20. 56%的求职者会采用"个人关系"来找工作。——马克·格兰诺维特

21. 我们在招聘上投入的资金占人力预算的比例是所有其他公司平均水平的两倍。——谷歌

22. 彼得·德鲁克曾说："经理人在晋升和人员配置方面的决策能力较差，他们的平均成功率不超过30%。其决策中最多只有1/3被证明是正确的，另有1/3勉强算是可以的，还有1/3则是彻头彻尾的失败。"

23. 谷歌前首席人才官拉斯洛·博克曾提道："应聘者中最多只有10%会成为顶尖的人才，因为在各个行业，绝大多数的顶尖人才并没有在找工作，他们在现有的岗位上享受着成功。因此，你在投递简历的应聘者中招聘到顶尖人才的概率非常低。"

24. 乔布斯2008年接受《财富》杂志采访时说："我过去常常认为1位出色的人才可顶2名平庸的员工，现在我认为能顶50名，我大约把1/4的时间用于招募人才。""招聘绝非易事，就像大海捞针一般，我这辈子经手过的招聘人数大概在5000以上。"

25. 谷歌研发高级副总裁艾伦·尤斯塔斯认为："拔尖工程师的价值相当于普通工程师的300倍，我宁愿错过整整一批工程师毕业生，也不愿放掉一位出众的技术专家。"

26. 奈飞前首席人才官帕蒂·麦考德说："如果你招进来的员工足够优秀的话，你后期人力资源管理上90%的问题都可以避免了。"

27. 滴滴出行 CEO 程维说："我每天有30%的时间和精力拿来面试。面试是第一优先级的。"

28. 字节跳动创始人张一鸣："三顾茅庐已经不适用了，必须得四顾。"

二、找人名言名句

1. 莱尔·斯宾塞："你当然可以去教一只火鸡爬树，但我宁愿直接雇一只松鼠来干这事儿。"

2. 美国纳克尔钢铁集团招聘理念："我们可以教会农民如何炼钢，但是我们教不会其他人拥有农民般正直朴素的劳动操守。"

3. 阿里巴巴前董事会主席兼 CEO 张勇："作为集团 CEO，我每年问自己两个问题，第一，今年我为集团找了哪几个人，记住关键词是'找'，不是'招'。第二，今年我为集团养了哪几个新业务，或者说开辟了哪几个新赛道。"

4. 《奥格威谈广告》作者大卫·奥格威："如果我们每个人都雇用比自己矮的人，那么我们就会变成一个侏儒公司。反之，如果我们每个人都雇用比自己高大的人，我们就会变成一个巨人公司。"

5. 华为前轮值 CEO 郭平："尤其是高级主管要有求贤若渴的意愿，主动投入时间精力去找人，更要有识别人才的能力。"

6. 杰克·韦尔奇在其著作《赢》中写道："如果你舍不得花

时间和精力来招贤纳士，那么你将来在管理上碰到的困难会花去你更多的时间。"

7. 奈飞前CHO帕蒂·麦考德："面试的重要性高于用人经理预订的任何会议，这也是高管会议的与会者可能缺席或提前离开会议的唯一理由。"

8. 彼得·德鲁克："一个成功的招聘决策，比一个成功的销售决策更为重要。"

9. 约翰·钱伯斯："很久以前我就学会了如何放手管理。你不能让自我成为障碍，成为一个高增长公司的唯一办法就是聘用在各自专业领域里比你更好、更聪明的人，使他们熟悉自己要做的事情，要随时接近他们，以便让他们不断听到你为他们设定的方向，然后，你就可以走开了。"

10. 戴维·布尔库什在其著作《新管理革命》中指出："CEO为选人结果负责，但不应该只是孤军奋战。为了能在招聘中做出更明智的选择，最佳领导者们应该将整个团队都带入招聘的过程中。"

11. 史蒂夫·乔布斯："雇用聪明人，告诉他怎么做，这毫无意义。雇用聪明人，让他告诉我们怎么做。"

12.《聘谁》作者杰夫·斯玛特："在当今商界，物色到合适人才是唯一重要的问题。制定高标准，找到A级选手。"

13.《管理圣经》作者赫尔穆特·毛赫尔："企业和企业之间的差距就是人的差距。"

14. 杰克·韦尔奇在著作《赢》中写道："要让企业能'赢'，没有比找到合适的人更要紧的事情了。世界上所有精明的战略和先进的技术都将毫无用处，除非你有优秀的人来实践它。但是招聘到好的员工是较难的事情，招聘到优秀的员工更是难上加难。"

15.雷军："找人是天底下最难的事情，十有八九都是不顺的。"

16.《史蒂夫·乔布斯传》中写道他本人的话："如果你想建设一个由一流队员组成的团队，就必须敢下狠手，让二流的人离开，因为你不这样做，没人会这样做。如果你吸收了几名二流队员，他们就会招来更多的二流队员，很快，团队里甚至还会出现三流队员。"

17.奈飞："永远在招聘！"

18.惠普公司创始人戴维·帕卡德曾讲过一句深刻的话："公司的收入增长速度持续快于人才的补给速度，是不能建立起一个卓越公司的。"

19.吉姆·柯林斯："商界人士最重要的决定不是如何做事，而是如何聘人。"

20.杰克·韦尔奇说："永远不要完全依赖一次面试！不管你的时间有多紧迫，或者不管某个应聘者的表现有多么积极，你都应该多安排几名公司的人与每位候选人进行多次接触。"

21.奈飞前CHO帕蒂·麦考德："奈飞的战略逐渐演变成在内部创建一个招聘部门，一个顶尖的招聘部门，因为我希望尽可能招到那些顶尖的招聘人员。这不仅节省了大量的费用，还是高投资回报率的选择。"

22.吉姆·柯林斯在《基业长青》一书中总结道："我们注意到，高瞻远瞩公司的招聘和面试程序通常远比对照公司的更复杂、严密，在专业和管理方面投入了更多的时间。以惠普为例，可能招募进来的新员工至少要经过未来工作部门里8个人的面谈。"

23. 谷歌前 CEO 埃里克·施密特在《重新定义公司》一书中写道："我们设置招聘的关卡，为的是提高质量而非效率，是为了实现控制而非扩大规模。"

24. 费洛迪在《合伙人》一书中研究发现：最成功的 CEO 有一个共同点，他们知道将"人"放在首位，成功的关键不在于"怎么做""做什么"，而在于"谁来做"。

三、找人 10 大认知误区

评估一下你的企业存在以下哪些误区？　　　　　　是　否
1. 先招聘普通的人，成为大公司后再找优秀的人。（　）（　）
2. 重选有经验的人，入职后再培养他的底层素质。（　）（　）
3. 看到合适的人就马上招进，不需要遵循面试流程。（　）（　）
4. 谁都可以去面试，谁用人谁决策。（　）（　）
5. 业务扩张的时候，急选人，快招聘。（　）（　）
6. 寄希望于网络招聘，等人上门，大海捞针。（　）（　）
7. 只喜欢招聘成熟人才，不喜欢招聘年轻大学生。（　）（　）
8. 先忙业务，招人的事交给人力资源部或其他人。（　）（　）
9. 只招自己喜欢的人，漏掉了客户需要的人。（　）（　）
10. 以企业为中心开展招聘，筑巢引不到凤。（　）（　）

四、企业找人能力评估问卷

我们基于 4D 找人法，开发了企业找人能力评估问卷，企业可用于自测。

▶ 人才复利——CEO 先是 1 号找人官

企业找人能力评估问卷

4D法则	子维度	1分（差）	2分（不合格）	3分（合格）	4分（优秀）	5分（卓越）	自测
找到人 Discover	D1: 目标人才池子大不大	无人可选	十里挑一	百里挑一	千里挑一	万里挑一	
找到人 Discover	D2: 目标人才池子占真人才比高不高	大海捞针、等人上门式的招聘	知道想要的真人才，但不知道如何寻找，不断地尝试、碰运气	知道真人才在哪，但受挫后就会回到常规模式	知道真人才在哪，并采取了有效的寻找策略	能精准找到真人才，手里有足够多的名单	
找对人 Distinguish	D3: 看人准不准	聊天式的面试，识人认知和方法甚至是错误的	有自己的找人心得，小有成就但不系统和科学，选到真人才只能凭运气	接受过系统的科学识人培训，但还没掌握，识人准确度能达到50%以上	持续的识人能力训练和复盘提升，识人准确率能达到60%	精干识人，并投人足够多的时间，识人准确度可以达到70%以上	
找进人 Draw	D4: 吸引人才能力强不强	不会为了吸引人才而改善企业薪酬、授权等条件	为了吸引人才而改善薪酬水平，但对真人才没有吸引力	能够提供市场平均水平的薪酬条件，带着诚意与人才沟通，Offer接受率50%以下	能够提供超出市场平均水平的、有竞争力的薪酬条件，三顾茅庐，创造吸引人才的机会，Offer接受率60%以上	建立了吸引人才的薪酬和事业机会，能够四顾茅庐，长期跟踪，Offer接受率80%以上	

286

附录：关于企业找人方面的数字研究和经典语录

续表

4D法则	子维度	1分（差）	2分（不合格）	3分（合格）	4分（优秀）	5分（卓越）	自测
组织保障 Depend	D5：组织保障够不够	缺失1号找人官角色和功能	CEO和各级管理者有找人意识，但行为上不够坚定，缺乏有效方法	企业做过招聘或面试培训，但缺乏训战和评估，没有寻找到找人系统方法	CEO和各级管理者把找人作为重要任务，企业培养出合格的1号找人官	CEO和各级管理者都把找人作为第一要务，都已了胜任的1号找人官	
		企业没有配置专业的找人团队	企业配置了专职找人团队，但数量与业务要求差距大	企业配置了人才需求相匹配的找人团队	企业超配找人团队	企业超配找人团队，并让最优秀的人担任负责人	
		企业缺乏找人流程，找人随意、无规划	企业建立了找人流程，但经常被打破	企业建立了科学的找人体系和流程，在有人推动的情况下，效果不错	企业建立了科学严谨的找人体系和流程，形成了不依赖于人的持续机制	企业建立了找人永动机，源源不断为企业寻找到真人才	

287

主要参考文献

[1]〔美〕吉姆·柯林斯.从优秀到卓越[M].俞利军,译.北京:中信出版社,2009.

[2]〔美〕比尔·康纳狄,〔美〕拉姆·查兰.人才管理大师:为什么聪明的管理者会先培养人才再考虑绩效[M].刘勇军,朱洁,译.北京:机械工业出版社,2012.

[3]〔美〕拉斯洛·博克.重新定义团队:谷歌如何工作[M].宋伟,译.北京:中信出版社,2015.

[4]〔美〕埃里克·施密特,〔美〕乔纳森·罗森伯格.重新定义公司:谷歌是如何运营的[M].靳婷婷,译.北京:中信出版社,2019.

[5]〔美〕布莱恩·贝克尔,〔美〕马克·休斯里德,〔美〕理查德·贝蒂.重新定义人才:如何让人才转化为战略影响力[M].曾佳,康至军,译.杭州:浙江人民出版社,2016.

[6]〔美〕吉姆·柯林斯,〔美〕比尔·拉齐尔.卓越基因[M].陈劲,姜智勇,译.北京:中信出版社,2022.

[7]〔美〕吉姆·柯林斯,〔美〕杰里·波勒斯.基业长青:企业永续经营的准则[M].北京:中信出版社,2009.

[8]〔美〕拉姆·查兰,〔加〕鲍达民,〔美〕丹尼斯·凯利.识人用人:像管理资金一样管理人[M].杨懿梅,译.北京:中信出版社,2019.

[9]〔阿〕费洛迪.合伙人:如何发掘高潜力人才[M].高玉芳,译.北京:中信出版社,2015.

[10]〔美〕吉姆·柯林斯，〔美〕莫滕·T·汉森.选择卓越[M].陈召强，译.北京：中信出版社，2012.

[11]〔美〕杰克·韦尔奇，〔美〕苏茜·韦尔奇.赢[M].余江，玉书，译.北京：中信出版社，2013.

[12]〔美〕卢·阿德勒.选聘精英5步法[M].张华，朱桦，译.北京：机械工业出版社，2004.

[13]余胜海.用好人，分好钱：华为知识型员工管理之道[M].北京：电子工业出版社，2019.

[14]〔英〕伊恩·麦克雷，〔英〕亚德里安·弗海姆，〔英〕马丁·瑞德.能力孵化[M].徐剑，李冬，路烽，译.上海：上海交通大学出版社，2022.

[15]〔巴西〕克里斯蒂娜·柯利娅.3G资本帝国[M].王仁荣，译.北京：北京联合出版有限公司，2017.

[16]〔美〕帕蒂·麦考德.奈飞文化手册[M].范珂，译.杭州：浙江教育出版社，2018.

[17]〔美〕阿什利·万斯.硅谷钢铁侠：埃隆·马斯克的冒险人生[M].周恒星，译.北京：中信出版集团，2016.

[18]〔美〕沃尔特·艾萨克森.史蒂夫·乔布斯传（修订版）[M].管延圻，魏群，余倩，赵萌萌，汤崧，译.北京：中信出版社，2014.

[19]〔美〕乔治·安德斯.最佳猎头的秘密[M].全虹，译.北京：中国电力出版社，2012.

[20]〔美〕威廉·庞德斯通.谁是谷歌想要的人才？破解世界最顶尖公司的面试密码[M].闾佳，译.杭州：浙江人民出版社，2013.

［21］李屹立.苹果的哲学：乔布斯的神谕、偏执及给全人类的四堂指导课[M].南京：江苏人民出版社，2011.

［22］〔美〕罗伯特·霍根.领导人格与组织命运[M].邹智敏，译.北京：中国轻工业出版社，2009.

［23］〔阿〕费罗迪.关键人才决策：如何成功搜猎高管[M].徐圣宇，康至军，译.北京：机械工业出版社，2014.

［24］〔美〕沃尔特·艾萨克森.埃隆·马斯克传[M].孙思远，刘家琦，译.北京：中信出版社，2023.

［25］〔美〕艾瑞克·伯格.冲向火星：马斯克和SpaceX的初创故事[M].张含笑，译.石家庄：花山文艺出版社，2023.

"1号找人官：得一将胜千军"课程

平庸企业
自我设限，将才进不来

卓越企业
打开边界，将才涌进来

课程特色	突破性理念 + 原创方法论 + 系统工具包 + 操作层要点
培训方式	测评对标 + 知识传授 + 案例研讨 + 模拟训战
课程目标	让企业各级领导者成为1号找人官，帮助企业实现将星云集，人才辈出，获得持久人才复利
培训对象	CEO+ 中高层
培训时间	2~3天（具体可定制）

联系方式

课程咨询　王老师
13466691261